ひきこもる心のケア

ひきこもり経験者が聞く10のインタビュー

村澤和多里 監修
杉本賢治 編

世界思想社

はじめに

私自身、対人恐怖や対人緊張などで十代後半から二十歳くらいまで、そして二十代後半から三十歳くらいまで、ほとんどひきこもりをしていた経験者である（詳細は序章）。二〇〇九年に安定した契約職員を辞めたことを契機として、いささか自分に愛想が尽きてしまった私は、本格的にひきこもりの自助会に参加するようになった。そこでひきこもりを経験した人たちと交流を少しずつ深めていくうちに、人間関係を新たに作り直す機会を得て、ずいぶん救われた。

そのような経緯を経た中で少しは元気になった立場から、元来もつ「へそ曲がり」の角度でひきこもりをめぐる言説に注意をはらっていると、いささか違和感をおぼえる場面に遭遇することも多い。たとえばマスメディアが現場取材後に構成する編集内容のパターン化。人びとに向けてわかりやすさを狙うゆえなのか、「立ち直っていく姿があった」「仕事をはじめた」「笑顔が出てきた」など、あたかも「社会に「復帰」できてよかった」というような構成。あるいは逆に「社会から孤立し、顔を曇らせている」といった表現。

つまりは労働や社会活動の現場に「復帰」することが正しいことのように扱われているのだが、そのように社会の側から見た視点を強く押し出されると、当事者の人たちはそれにひきずられて「自分の中に生じた違和感」の本質と向きあうことを置き去りにしてしまわないだろうか、と考えてしまう。

社会の中で活動する以前にまず、ひきこもった個人が他者と深い話しあいをつづける充実が備わっていないと、表面的な「復帰」は長続きしないのではないだろうか。余計なことかもしれないが、ひきこもるに至った違和感を私は大事にしたいと思うし、私自身に関して言えば、どうやらそういった角度で考えてしまうことから逃れられないタイプの人間として現在に至るようだ。

たしかに社会人として生きる現実を前にすれば、労働の場、社会参加する場をもたずにいることは、本人や家族にとって、大きな不安が生じることはよくわかる。そのような客観的な状況は無視できないにしても、ひきこもる心情の根っ子にあるものを探っていく「自由」。その自由が本人のもとにしっかり確保されてほしいと願うのだ。

社会参加や労働の意義があまりに自明視されがちな社会、いや、さらに言えばそれこそがもっとも大事なことだと思いがちになる世間や当事者やその関係者。それはもしかしたら自縛かもしれない。その中で、ひきこもり経験を経た仲間どうしとの語りあいや、一緒に行う活動などが、自縛からの解放、人間関係などにおける違和感の解きほぐしのきっかけとなるかもしれないし、新しくそこから、今まで想像していなかった世界が広がっていくかもしれない。それは私自身が当事者たちとの交流の中で得た貴重な経験からも思うことだ。

ともすると社会的役割や立場を強調する世間では、ひきこもりになった人は肩身が狭い。今では単純な先入観は減ってきているかもしれないが、ひきこもりはやはり、「精神的にきわめて弱いのでは」あるいは「なんらかの病気では」というとらえ方をされてしまうことが少なくない。そのような指摘が的外れだとは言わない。たしかに自分にも十分に精神的な弱さがあり、神経症の時代があった。だが、同時に思うときがある。この現象は実は社会とのあいだのミスマッチに過ぎないのでは、ということを。

こころの中のひっかかり、人とのあいだに感じるバリアみたいなもの。それは基本的に誰でも感じていることで、そのことにおいて繊細であったがゆえにひきこもったという経緯をたどった人は意外と多いのではないか。五十歳を過ぎたいま考えることは、むしろ「こころの病い」のひっかかりというより、実は自分の中にある本来的な「こころの自由」を長く失ってきたのではないか、ということだ。自由に考えるということ、自由に考えてもいいのだ、ということ。この当たり前のことをどれだけ長く失ってきたことだろう。そしてその気づきを経てもなお、世間での身の置きどころがぎこちないところはあるのだが、こころの自由を犠牲にすることと比較すれば、それはおそらくたいしたことではない。

この本はそんなどこかややこしい存在としての自分の、自由を探しはじめたさまよいの過程を収めている。そして、さまようための道しるべとして、私はひきこもりの研究者や実践支援家たちとの出会いを求め、ひきこもりをどう考えるか、展望はどこにあるかを訪ね歩いた。

その旅の中で、ひきこもり心情を肌で知る方の話があり、ひきこもり当事者の仲間作りこそ肝要と実感された方の話があり、社会構造の劇的な変化がひきこもり心情へ陥る可能性を論ずる話があり、もちろん個人の心理に分け入っていく話もあり、発達障害と社会とのミスマッチを論ずる話と出会った。

結果として十人の方々の話が、ただ十人の話の寄り集まりとしてではなく、語りが相互に共振し、本書はひきこもりを軸とした社会的問題の「広がり」と「深さ」を考える密度の濃い内容となっている。つまり「心のケア」を軸に、より枝葉を伸ばしていく試みがこのインタビュー集の特徴で、意図せずしてそれは現代若者論となり、グローバル社会の流動化状況の中で大きな変化に晒される社会と文化を論じる本になったと思う。

ひきこもりに関して具体的な対応の方法について考えるのは重要だが、「根幹」の認識をもつかどうかで対応の効果はずいぶん違う。そういう理解が本書によって少しでも得られるのではないかということ。そのことだけは強調してよいと思う。その意味で、この本が読者のみなさまにとってひきこもりに対する認識の幅が広がるヒントとなれば幸いである。

杉本 賢治

はじめに　I

序　章　ひきこもりという経験 —— 9
杉本賢治（ひきこもり経験者）

第1部　ひきこもり支援の最前線

第一章　自立を強いない支援 —— 22
塚本明子（とちぎ若者サポートステーション代表）

第二章　仲間の力を引き出す —— 37
宮西照夫（紀の川病院ひきこもり研究センター長／副医院長）

第三章　ピア・サポートという方法 —— 56
田中　敦（NPO法人レター・ポスト・フレンド相談ネットワーク理事長）

第2部　ひきこもりゆく「心」

第四章　対人恐怖とひきこもり――安岡　譽（北海道精神分析研究会会長）　70
第五章　自己愛とひきこもり――橋本忠行（香川大学准教授）　84
第六章　モノローグからダイアローグへ――村澤和多里（札幌学院大学准教授）　99

第3部　発達障害とひきこもり

第七章　オーダーメイドの支援――二通　諭（札幌学院大学教授）　116

第八章　自閉症スペクトラムとひきこもり――131
山本　彩（札幌学院大学准教授、元札幌市自閉症・発達障害支援センター所長）

第4部　社会的排除とひきこもり

第九章　若者が着地しづらい時代の支援――144
阿部幸弘（こころのリカバリー総合支援センター所長）

第十章　生活を自分たちで創り出す――156
宮崎隆志（北海道大学教授）

終　章　ひきこもり問題の臨界点――169
杉本賢治・村澤和多里

おわりに　184

扉イラスト　中島佳那子

序章　ひきこもりという経験

杉本賢治

SUGIMOTO Kenji（聞き手　村澤和多里）

ひきこもり経験者。

1961年札幌生まれ。思春期の10代後半と20代後半に長期のひきこもり経験あり。社会福祉士，社会保険労務士の資格をもつ。現在もアルバイトをしながら，対話ができる場所を求めて放浪中。

ひきこもりはじめ

村澤　まずこの本の案内役である杉本さんについて知っていただくために、質問をいくつかしますね。そもそも杉本さんは自分のことを「ひきこもり」だと思っているのですか？

杉本　今はビルの清掃などを中心とした非正規雇用の仕事をしていますが、十六歳から二十歳くらい、そして大学卒業後の二十代後半から三十代前半はいわゆる「ひきこもり」状態でした。

村澤　「ひきこもり」という言葉がはやったのは杉本さんが四十歳くらいの二〇〇〇年頃のことですよね。

杉本　そのようですね。私はもう五十三歳ですが、自分をひきこもりというものだと自覚するようになったのは比較的最近なんです。いわゆる「ひきこもりの第一世代」ですね。私の場合、思春期に対人恐怖がひどかったので、社会参加の空白が、人生を通せばけっこう長い。その意味では「ひきこもり」という呼び名がしっくりくるんだろうなと最近は思いますね。

村澤　ある意味で、時代の先端を生きてきたとも言えますね。杉本さんの半生をお聞きするだけでも、戦後の若者問題が紐解けそうな気もします。若者史の日の当たらない部分というか、誰にでも起こってもよさそうな落とし穴に落ちる体験をされてきた。

杉本　そうですね。完全にひきこもっていた時期、特に思春期や二十代、三十代は社会通念が大事だったというか、やはり普通の意味での青春を謳歌したかったですからね。恋愛とかもしたかった。でも、いま考えるとひきこもり期間がわりと長いので、逆に言えば人生の波乱を経験してないんです。

ただ、寂しさとか孤独の不安、そのつらさというようなもの。それは一般の人たちとは違った心理的な経験だったと言えるかもしれません。

対人恐怖からひきこもりへ

村澤　とてもユニークな体験をしてこられたのだと思います。ではそろそろ核心に触れていきたいと思いますが、そもそもどういった体験からひきこもり状態になっていったんですか？

杉本　もともとは、対人恐怖症が原因だったんです。中学二年生の頃ですね。教室で隣の女の子に席を離されたというのが、けっこうショックで、そのときからなんか嫌われているのではないかと気にするようになったんですね。

村澤　それがトラウマになったような感じですか？

杉本　こんなこともありました。それまでは成績も中の上くらいだったのですが、思春期の入り口のとき、勉強に身が入らなくなったんです。それでつい、中間テストのときにカンニングしてしまったんですね。それを見ていた人がいて「カンニングしただろ」って指摘されて……。それとちょうど席を離された時期が重なっていて、クラスの多数に僕の不正がばれていて、周囲から汚い人間というふうに見られているのではないか？と感じるようになった。そういう心理的な経緯もあったんじゃないかな、といま振り返って思っています。

村澤　何か自分の中にある汚いものがみんなに知れ渡っているのではないかという感覚ですね。

杉本　そうですね。典型的な対人恐怖症の特徴ですよね。その「嫌われている」という思い込みはクラスの中で完結せず、中三や高一くらいから、道行く人や世間の人から気味の悪い奴だと思われているのではないかという被害感になってしまったんですね。

村澤　学校の中での対人恐怖の妄想が強くなったんですね。

杉本　そうです。学校の中で終わらないのは、たしかに道理にあわない感じですね。

村澤　学校の中での出来事に終わらないのは、たしかに道理にあわない感じですね。

杉本　そうです。対人恐怖の妄想が強くなったんですね。ですから、嫌われる理由をほかに探すわけです。すると、みんなが嫌うのは僕の顔が醜いからだと。もともと色白で、小学校のときにその点をからかわれたことがあって、色白で醜い顔立ちだからみんなが不快になる、嫌いになるんだと。後にそれは対人恐怖症に典型的な「醜貌恐怖」という症状だと知ったんですけど。

村澤　そういう状態はいつくらいまで続いたんですか？

杉本　高校一年生の夏休み明けに耐えられないほどひどくなって、学校に行けなくなり、結局休学して、年明けに退学しました。先ほどの被害妄想がひどくなっていて、外を歩いている人が僕のことを怖がっていて逃げたんだとか、「僕のことを嫌うのはやめろ」と張り紙するように親に言ったり……。当然親はびっくりしますよね。母親は保健師で、保健師を養成する学校のコーディネーターをしていたので、精神衛生センター（現・精神保健福祉センター）に連れていってくれました。当時は身近な人も僕の言ってることを信用してないと思っていて、家族のことも信用できなかったから、かなり嫌々だったんですけども。

当時、センターに来られていた精神科医の女医さんに自分の主観的体験の話をしたら、誰も信じないだろうと思う話を静かに聞いてくれて。あ、こういう人がいるんだと。こころが許せました。もちろん、それですべて解消したわけじゃありません。当時は「境界例」とか言われて、統合失調症の人たちと一緒にデイケアのプログラムも勧められて参加したんですが、明らかに場違いな感じがあるわけです。

村澤　ご自分ではなんでそういう状態に陥ったと思いますか？

杉本　渦中では自分のことは客観視できません。まさに外から降りかかってきたような感じです。いま考えると、当時父と兄の折りあいが悪く、その兄の苛立ちが自分にいじめという形で向かうというような事情がありました。[1] そういったストレスとか、中学校が荒れていて息苦しかったんです。私自身、暴力的な緊張感というものを敏感に感じとる気質だった。その押さえ込んでいた感情を、症状に転換したんじゃないかと思います。

最初のひきこもり生活

村澤　その当時はどういうふうにプライベートな時間を過ごされていたんですか。

杉本　体調の悪さをカミングアウトした直後はしばらく短波で海外放送を聴くことが憂さ晴らしでした。十六歳の冬、英国のパンクバンド、セックス・ピストルズが登場したんです。次の年にピストルズを柔らかくしたトム・ロビンソン・バンドというマイノリティの権利を誠実に訴えるバンドに打たれたんですね。トム・ロビンソンという人は当時英国で差別的な扱いを受けていたゲイの人で、ゲイであることを公言し、そういう立場からすべてのマイノリティの人たちへの自由を訴える、社会性が高い誠実なシンガー・ソング・ライターでした。『パワー・イン・ザ・ダークネス』という曲で、差別主義者の政治家の演説をコラージュしながら、すべてのマイノリティの自由を力強く歌っています。曲もファンキーで格好いいんですよ。彼自身、非常にパンクバンドに共鳴していた人で、それ以来、トム・ロビンソン経由ですっかりパンクロックにはまりました。彼らの発言は乱暴だけど本質的だし、社会性が高いし、曲はエネルギッシュでエモーショナルだし、かなり影響を受けました。

村澤　対人恐怖でひきこもっていらっしゃったようですが、それにしては、社会正義のこととか、外に対する問題意識がかなり高い印象を受けますけど？

杉本　そうですね。なんというか、家にこもっているんですけど、不公平とかいう問題にはかなり過敏なタイプだと思うんです。実はそれゆえに生きづらいという実感もあるんですよ（苦笑）。行動力があればそこに矛盾は発生しないんですけどね。

村澤　杉本さんにとってロックはその後も影響が大きかったですか？

杉本　一九八〇年代末まではリアルタイムの英国ロックを聴いてました。八四年頃、マンチェスターからザ・スミスというバンドが出てきて、「やられた！」と思いました。シンガーのモリッシーという人の歌詞にです。たとえば「僕の人生のこの貴重な時間／なぜ僕が生きようが死のうがどうでもいい奴らに与えなければならないのか」（『ヘヴン・ノウズ』[2]）とか。ネガティヴですけどね（苦笑）。しみじみしたメロディにこういう歌詞をのせて歌われるとすごく共鳴できるんです。当時は僕も家でグチグチ歌詞めいた詩を書いてましたが、この曲の歌詞に限らずどの曲の歌詞も、言いたいことを遥かに完璧に言われたと思いました。本人の趣味が読書で、家にいるときは読書三昧というのもかつてのロックにはない破格なキャラクターで、斬新でした。音楽はパートナーのギタリストが完璧なポップソングを奏でていましたし、その両輪のコントラストに感服しました。

村澤　なるほどね。ところで、ご家族との関係はいかがでしたか。

杉本　僕が高校生で不登校になったときは、兄は大学で東京に出ていたので、あまりかかわりがなかったですね。父親は戦中派の昔気質の男性ですから、たびたび口論になって、体調が悪い当初は家庭内暴力に近いこともしました。これは思い出したくない過去です。逆に母親がずいぶん心配してくれて、いろいろ愚痴も聞いてくれて救われましたね。

宗教団体からの逃走

村澤　その後ひきこもりを脱して大学に通ったと聞いてますけど、どういう経緯で？

杉本　高一の夏休み以後、普通高校に行けなくなって、通信制の高校に転学して卒業しましたが、当時は働いていない不登校型の通信高校生は珍しくて、通信制高校の担任の先生が、おそらく僕の状況を不憫に思ったのでしょう。社会の小論文などではよく自分の考えを書いていましたから、「大学に推薦で入学させたいと思うが、どうか」と。

それは心理学を学べる学科でした。僕はカウンセリングを受けていて、心理に興味がありましたから、渡りに船と推薦で大学に入りました。

村澤　大学ではどうでしたか？

杉本　大学に入学したのは一九八三年で、僕みたいに生真面目で堅苦しい人間はなじみにくくなる時代にすでに入っていたんです。

村澤　田中康夫の『なんとなく、クリスタル』が発表されたのが一九八〇年。ネアカ、ネクラという言葉がはやりだした頃ですね。

杉本　そうですね。それで私自身も文科系のサークルでなじみやすいところを探していて、たまたま感じのいいサークルに入ったんです。けれども、そこからまた困ったことになりました。

村澤　というのは？

杉本　実はそのサークルがある宗教団体の下部組織みたいなものだったんです。最初は勧誘に抵抗していたのですが、ひとり暮らしをしている寂しさもあってだんだん入り浸るようになっていきました。気がついたら幹部の立場になっていて、はじめて心地よい居場所ができたのに、今度は布教にかかわるノルマを課されたり、同級生や後輩には自分のことを相談できない立場になって、底なしの孤独を感じました。それで四年生のときにその団体から逃亡して、その後、罪悪感を自分の中で処理できず、苦しんでいました。

村澤　悶々としていた……。

杉本　罪悪感にともなう精神科ドクターショッピング（こころを癒やしてくれるカウンセラー探し）です

ね。逃亡した次の年に卒業しましたが、社会人になるどころではなくて、いろいろな病院に行き、罪悪感と、宗教団体幹部たちが言う「活動から逃亡する罪」に怯えるこころをなんとかしたかった。本を読みながら自分にあう療法を探していて、結果、今の主治医に出会って、そういった問題を入り口として今に至るまで自己探索の旅の導き手をしていただいています。

二度目のひきこもり

村澤　その頃どんなふうに暮らしていたんですか?

杉本　恥ずかしながら大学を出てからの二十代はずっと親がかりでひきこもっていました。

村澤　二度目のひきこもり状態ですね。

杉本　はい。逃げ出した宗教団体のことが怖くて出られなくなったんです。対人恐怖症状がまた再発しました。ただ大学を卒業した頃はバブルの時代で、憂さ晴らしに独りでレコード・ショップに行ったり、デザイナーズ・ブランドのバーゲンに並んでいたこともあります。でも、やはり二十代後半は宗教団体のことで内心びくびくしていたり、信じてたものははたして正しいものだったのか、思い悩んでいました。いちばん尾をひいたのは罪悪感です。大学時代は高揚して偉そうなことを集団を前にして喋りながら、そこを裏切って逃げ出したわけですからね。ですから、本当にこころを開くことができたのはカウンセリングの時間だし、あるいは母親に愚痴を聞いてもらう時間でした。仕事に関して言えば、どこかに雇用されて働く自覚が生まれたのはアルバイトを本格的に始めた三十代になってからです。

村澤　対人恐怖のほうはどうなりましたか？

杉本　三十代半ばくらいまで残っていましたね。三十歳になって、親から「行政書士の資格でも取る勉強をしたらどうか。勉強代の援助はする」と。それで行政書士の勉強をする中で憲法の魅力にはじめて触れ、そのうちに福祉につながる憲法第二十五条の「生存権」と接点のある社会保険労務士の試験問題を見て、労働法や社会保障法の勉強がしたいと思い、社会保険労務士資格の勉強も独学で始めたんです。幸い三十歳で行政書士試験に、三十一歳のときに社会保険労務士試験に合格し、それを履歴書に書いて専門士業とか事務職の面接を重ねたんですが、採用されませんでした。私も正直なところ、形として動いた感じで、採用されたとしてもどこまで真剣にやれたかと今では思います。それで続けていた清掃バイトからは抜け切れませんでした。

ひきこもりという言葉に目覚める

村澤　三十代後半から四十代のあいだはどう過ごされてましたか？

杉本　しばらく日勤で日常清掃の仕事を二カ所、三〜四年くらいずつ続けていたと思います。心理療法はその間だいぶ進展していましたし、マインド・コントロールも完全に解けました。でも四十歳の頃、もう若くはないと、とても落ち込んだ時期があります。それで本格的に転職したいと思い、職業訓練を受けてコールセンターや、事務の契約社員に就いたのが四十代半ばからです。

村澤　いつ頃から、ひきこもりという問題として考えはじめたのですか？

杉本　具体的には四十八歳の秋に新聞で、「ＳＡＮＧＯの会」というひきこもりの自助会を知った頃からです。そこはおおむね三十五歳以上で社会的支援がなくなるひきこもりの人たちを対象にしてミーティングしている場所でした。仕事をしながらも、どこかで自分と似た境遇のグループがあればと思っていたけど、僕の年齢でそんな場所はないと思っていたので、気にかかったんです。

村澤　それで参加なさったんですね。

杉本　参加するようになったのは翌年からです。

村澤　そのときの印象はどんな感じでしたか？

杉本　現在の自分に近い人もいれば、過去の自分に近いような人もいるんだなと親和性を感じ、なじみやすい場所だと思いました。

村澤　では、自助会に行ったのは大きな転機だったんですね？

杉本　そこで徐々に親密な友人を得られるようになって、自分の悩みや、これまでの経緯について、深く語りあう機会が得られたんですね。仕事の話や自分が囚われているもろもろのことなどの話を聞いてもらったりしました。

村澤　そういう体験を通して癒されたということですね。

杉本　そうですね。心理療法以外の人間関係の中で充実感を得たと思います。そこから、ひきこもりの自助会や似たような体験をもつ人の集まりが、自分にとっての大切な場所になりましたね。

村澤　そういったことが積み重なって、ある意味で自分が「ひきこもり」だというアイデンティティをもつようになったということでしょうか？

杉本　そういうことになるかと思います。

村澤　ありがとうございました。人との葛藤を抱えて生きてこられた杉本さんだからこそできるユニークなアプローチがあると思います。それでは、本章に入っていきましょう。

1　当時は思春期の渦中にいた兄もいろいろつらいストレスがあったはずである。今は兄も普通の社会人であり、当時の私の主観的体験であって、あくまで主観的なつらさであったことを付言しておく。

2　HEAVEN KNOWS I'M MISERABLE NOW
Words & Music by Johnny Marr and Steven Morrissey

第1部

ひきこもり支援の最前線

第一章　自立を強いない支援

塚本明子

Tsukamoto Akiko

とちぎ若者サポートステーション代表。

紆余曲折を経て若者自立支援に携わる。若者の目線にたち，自立のために必要な支援システムをそのつど考案している。本人の成長を信じ，けっして投げ出さないという信念をもっている。

ボランティアとして若者とかかわる

杉本　それではまず、塚本さんがとちぎ若者サポートステーションにかかわるきっかけから教えてもらえますか？

塚本　はい。もともとは「ワーキング・スクール」という事業でのボランティアだったんです。この事業は就労困難な若者たちに半年間、座学と企業研修をするプログラムで、研修を受ける若者にマン・ツー・マンでサポートする大人がつくのが特徴でした。担当となった若者とはプログラム参加中連絡を取りあい、本人の悩みなどを聞きながら一緒に考えつつサポートする。サポーターはあくまで地域のボランティアの普通のおじさん、おばさんで、そういう方たちがあくまで彼らと同じ立ち位置で支えていくという考えがベースなんですね。私も若者ひとりにつくおばさんの役割でボランティアとして参加したのがきっかけです。

杉本　まずはそういう立場から始まったのですね。

大学に行く意味が見いだせない

塚本　はい。私はそれまで介護の仕事をしていたのですけれど、実は私自身、若い頃にけっこう、挫折しているんですよ。東京の大学に入ったのですが、入学する頃からすでに大学に行く意味が見いだせない状態に陥っていました。親の手前、いちおう入学したところがあったわけです。東京で姉と二人で一緒に住んでいたんですけれど、姉は姉で別の学校へ行き、私は私で家は出るんですが学校に行くフリをして戻ってくる。一年目の夏休みが終わる頃に、大学を続けるのは無理だなとわかったんです。

杉本　そうなんですか。拝見していると、とてもそんな経験があったとは思えないのですが。大学は了解を得てやめられたのですか？　躊躇はありませんでした？

塚本　もちろん多少の迷いはありました。両親はそんな簡単にOKするわけないですよね。そこでこちらも対案を出したんです。「来年受け直す」って。ここは私の志望のところではなかったからって。どちらかと言えば文学に少し興味があったので、いくつか受験した中でほかは国文学科を中心に受けていて、ただ合格した大学には国文学科がなかった。その理由でやめることはできたんですけど、その場しのぎですから翌年受ける気はなくて勉強もしませんでした。結局、受験せず、私はもうその時点で大学に執着がないわけです。

けれども周りは学歴にものすごく執着があるわけですよ。こちらはそこを満たすしかない（笑）。ですから今度は、私は学校に通う行為がとても苦手なので通信の大学で卒業すると言って。実際に通信科を申し込んで国文学科に入りました。国文がやりたかったのにできないからやめるんだとか言ってきたので、まあこれくらいだったらいいのかなと。周りの意向を満たす落としどころだったんですよ。

全部反発

塚本　でもいちおう、頑張ってスクーリングとかも行って、四年ぐらいは続けました。で、そのあいだは私は完全にひきこもりです。姉がまだ学生で東京にいたので私はそこでひきこもり。その頃、私はまったくエネルギーがないので、姉が大学を卒業して実家に戻る際に一緒に帰ってきたんです。でも実家は隣近所が厄介な、地方の典型的な田舎で。外へ出かけるとね、本当に周りの目が（笑）。

杉本　たしかにそうでしょうね（苦笑）。僕も体験者としてよくわかります。

塚本　逆に姉のほうは大学を卒業した後、一年間、完全に花嫁修業をしていました。毎日お茶だ、お花だ、なんだかんだ習いに行って。一年後には結婚。だから一年間毎日のように花嫁修行。帰省後一年でお見合いして、絵に描いたような結婚をして。姉は高校も県内一の進学校だったんですよ。そうすると簡単な話、親は姉との比較といいますかね。いろいろとその辺の葛藤もあって。つまり母親が全部姉と同じようにしようとして、姉が県下一の学校に入ったので私もそこに行かせようと。先生もお姉さんと同じところに行くように励ましたりとか。

「行きません」と。あえてね。全部反発、反発で。だから大学をやめるのも姉が大学に行ったし私はいいんじゃない？　みたいな感じです。あえて反発してるつもりはないんですけど、姉と同じことをしていると自分がなくなってしまうような不安がどこかであったんでしょうね。ただ、反発するけど自分に何かあるかといえば何もなくて。結局大学に行っても本当に無気力状態に陥っちゃった。だから通信もいちおうやってましたけど、全然身も入らず、スクーリングに行っても誰とも接触せず、みたいな。
いま思えばきっかけはやっぱり姉の存在が大きかったと思うんです。優等生を絵に描いたような人で、私とは真逆で、側《そば》でどんどん先に進んでいくので（笑）。ですから結婚に関しても親は当然のように姉の姿と似た結婚をさせたいと思っていたので、大学を途中でやめたりするのはとても不利な条件と考えていたんです。私の母は実家の近くの田舎の十何代も続いた旧家の娘で、典型的な特殊な価値基準をもっていたんですよ。一部の世界でしか通用しないような。

快楽的なところから「おこもり」へ

杉本　今のひきこもりの人とはニュアンスが少々違うというか……。かなり意識的に葛藤の自覚があったんですね。

塚本　そうかもしれませんね。その状態からまた現実に戻るのに自力で行動する力がなかったので、弟が大学に通うために東京に行くのを機会に私も一緒に上京したんです。そのときはこのままじゃいかんと多少思っていたので、通信をやりながら自分も少し就職活動をしようと。
その頃ちょうど知りあいの方に仕事を紹介してもらったんです。それが青山の工芸品ギャラリーの受付の仕事。もう「イキナリ」（笑）。でも自分の中で完全に閉じてるわけではない要素もあったんですね。けっこうそこで自分の中でいろいろな部分が開いていったんですよ。若者向けの高級感のあるデパートのテナントでもしっかり販売をやったり。そうなると今度は快楽的なこととか、現実的なことのほうにいくんです。そちらのほうへ一時のめり込んでいったので通信の勉強はすっかりおざなりになり、とても学校は続けられなくなりました。

杉本　あの、けっこうな落差で。そのまま青春期の気の迷いだった程度で普通に大人になることも多いと思うんですけど、いまやっているお仕事って若い人のお悩み支援じゃないですか。その快楽的なところからまた飛躍があるような気がするんですけど、その変化はどういう？

塚本　おそらくその時はそこしか自分の反発や反動に代わるものを見いだせない時期だったんでしょうね。私は結局そこの職場で知りあった人と結婚したんです。結婚した相手の人は体を張って生きていくとてもユニークな人だったんですけど、ウチの家系が理想としているタイプとはかけ離れていましたね。でも私は今まで接したことのないところに一気に興味をもち、家柄だの学歴だのと関係なく人と向きあいたいんだ、みたいなところへいったんですね。

　ただそれもまた自分の中の純粋な思いではないので、どこかで自分の中に満たされない感じがしっかり出てきてしまうんです。その方に不満があったわけではないんです。結局何かが自分の中でDNAのようにしっかり混じって、反発してたはずなのにそれをしっかりもっていた面があった。親からも言われてきたし、反発していただけで自分の中にも学歴主義みたいな意識はどこかにあったんです。結果的にちょっと私が個人の欲に走っちゃったんですね。それが三十一くらいのときですかね。強引な形で離れてしまって。その後いろいろあって知りあいのところに身を寄せながら三十代は完全に「おこもり」でした。

杉本　なるほど二回目の。三十代はお知りあいのところでひきこもっていたということですけれど、これはもっと大人の現実的な悩みですよね。学生時代の観念的なものとは違って。

塚本　あの、要は社会に出られない状況を自分で作っちゃったんですよ。事情があってよりによって実家のちょっと近くに居たので（笑）。笑いますよね（笑）。このときは完全に全部、私は遮断していました。家族もそうですし、それまでつきあっていた人たちにもまったく居場所を知らせず、まったく外とは連絡を取らない状況だったんです。そんな状態をずっと三十代のあいだは続けていました。

杉本　へえ〜。そうなんですか。それは大変な……。

自分を一から築き上げる

塚本　二〇〇〇年代に入った頃から状況がちょっと変わり出したんですよ。身を寄せていた相手の方が自分の実家に戻らないといけなくなって。「私はこのまま年を取って透明人間のように生きてどうなってしまうのか」と。だんだんそのあたりが現実感をともなってきたんです。まして私の場合、反動で結局自分の中に生きていく根拠となるものがないまま、人に寄る辺を求めていた。これはいい加減きちんと考えないと大変だぞ、とね。四十近くなる三十代後半の頃になってザワザワしはじめたわけです。

杉本　それは自然に起きてきた感情だったんですか？

塚本　そうですね。自分という人間を抱えて生きていくことをどこまで考えてるんだ？　みたいなことが急に恐怖みたいな感情となって出てきたんです。とにかく自立しなければ、とね。外に働きに出るのは近くに実家もあるし無理だと思い込んでいたんですけど、同じ町でなければなんとかなるんじゃないかと思って。黙々とできる仕事として園芸農家の仕事を見つけてそこで半年くらい働きました。

ただそこは背筋が凍るほど冷ややかな職場で。半年で自分自身がすり減っちゃってこれは無理だと。でもほかに特技もないしどうしよう？　って思ったとき、お掃除は嫌いじゃなかったし、お掃除だったらできるって。それで自動車工場の清掃の仕事に入ったんです。

杉本　なるほど。

塚本　ここでの仕事は自分にとって本当の意味で自問自答できる日々だったんですよ。私にとって実家に対する反発というのはどういう意味だったんだろう？　とか。そのあたりが実感をともなって感じられてきましたね。そのように自問自答しつつ、そんな私を全然知らない人たちの中で「掃除のおばちゃん」として仕事をしている自分がいる。そのコントラスト。それが私にはとてもいい時間で。

一年半やってまだ続けられたんですけど、この先を考えるとたぶん私は人に依存せずひとりで生きていくだろうと考えていたので、ならば自分の中にあるものをもう少し発揮できる仕事を探そうと。まだ人が恐くはあったんですけど、同時にどこかで人間に興味があるかもしれず、人とかかわる仕事をしてみたいと思って、介護職で特別養護老人ホームへ就職したんです。

この仕事に携わることでまた次の段階の自分を一から築き上げることができました。その施設は若い男性が上司で、やはり高齢者の方のいろんな状況を目の当たりにしたり、いろいろな人の姿をこの目で見たことは大きかったです。五年間くらいそこで働いているうちにまたもう一段次の段階へ意識が向かってきたんです。介護の仕事をするにしてもこの施設、特に若いスタッフ中心の中で自分がやっていくのはどうなんだろう？　と。そう考えるようになって。先のことは何も決めないで今年度で辞めよう、って。それが十年くらい前ですね。

杉本　十年くらい前ですか。そうしましたら、四十代半ばでそういう自分の方向性が定まってきた感じですか？

今までが意味を帯びてきた

塚本　そうですね。まずはボランティアをしてみようと。そこでボランティアをしてみたいって言ったとき、「どんなことに興味ありますか？」と尋ねられて。自分の若いときとか、今までのこと、何かぐずぐずした生き方を思ったとき、若くていろいろどうしたらよいかわからない子たちと一緒にそこを考えていけたらいいかなぁみたいなことを話したら、冒頭でお話しした「ワーキング・スクール」という事業のボランティアを中野謙作さんという方から紹介していただいたんです。施設を辞めた後は訪問介護の仕事をしながらボランティアをやっていました。

その後に二〇〇七年の五月からサポートステーションがスタートし、スタッフとして働くようになったんです。これは今までにない仕事だったので、たまたま自分の軌跡を活かすことができたと思うんです。生きづらさの部分とか、先に目標を見いだせないことは、私にとってはついこのあいだのことでもあるし（笑）。就職活動して仕事の現場でのいろんな思いとかも昔のことではないし、自分で生計を立てていくために仕事をする意識とかが芽生えたのは四十近くになってからですからね。

杉本　いや、でもご苦労が最近まで身近だったというのは本当に共感性という意味で若い人にはよいですね。「どうしてもわからない」という人が上に立たれても困りますしね。

塚本　むしろ私などはここでの若い人とのかかわりのおかげで自分の今までが全部意味を帯びてきた気がするんですよ。建設的なことが何ひとつ行われなかったあの時間がどんな意味があったのか実感をともなって感じられてきましたし、自分が大学をやめて過ごしていた時間とか、三十代のまったく世間を遮断して自分と否応なく向きあっていた時間があったからこそ、この仕事で目の前にいる人と向きあったとき、自分のたどった経緯も重ねあわせながら、お話をうかがうことができた気がするんですよ。

杉本　若者と接していく中で、今の若い人たちもひきこもっている中で見えない力を培っているという感じはありますか？

塚本　その力を培っている部分は今から次の段階の心境に至ってはじめて気づくものかもしれませんね。同じ状況にいるときはおそらく気づかないですけど、心境が次の段階に至ってはじめて今の状況がいかに必要で大切な時間だったかわかるはずなので、どうにか次の段階まで行ってほしいと思います。無理やりではなくてね。やはり自分の中から湧きあがる動機が大きいので、他者から引きずり出されたり、押し出されたりでなく、自分の中で動き出してほしい。いまこもっている状態にいるとしても、自分で一つひとつ決めていってほしいです。どんなささやかなことでもね。

とちぎ若者サポートステーションの特色

杉本　地域若者サポートステーション[2]（以下「サポステ」）は厳密に言えば、ひきこもり支援を専門にしているわけではない若者支援の場ですが、とちぎのサポステは実質的にひきこもりの若者たちのサポートに携わり、非常にユニークな実践をされてきたと聞きます。居場所作りから就労への橋渡しのためにさまざまな仕組みを考案されてきたとのことですが、とちぎのサポステの特色はどういう感じでしょうか？

塚本　そうですね。なかなかひと言では言えないですし、本来のサポステに求められている機能からすると逸脱している部分もあります。サポステはワンストップセンターとして、就労にかかわるさまざまな困難を抱えた若者に対し、必要なサービス機関へとつなぐ働きをするところとして設立されました。「ステーション」ですから、ここから職場につながったり学校へつながったりする起点みたいなところのはずだったんですね。でも、活動を続けながら、そのつど来ている若者たちに必要なサービスを建て増ししていると、とんでもないことになっていったんですね。

杉本　とんでもないというのは？

塚本　居場所支援や、訪問支援やら。もともとの仕掛け人は中野健作なのですが、この人と私とで雪だるま式とでも申しましょうか……。

杉本　それらは全部サポステの事業として行っているのですか？

塚本　いちおう、サポステの事業とそうでないものの線引きはしていますが、サポステの部屋を貸して、サポステの利用者が参加しているものの場合、位置づけがあいまいなものもありますね。でも、そのようなあいまいな位置づけのものこそ、若者に必要な体験を保障しているとも思うんです。

杉本　おっしゃるとおりだと思いますね。実際、サポステも政権が変わるたびに設立趣旨から方針が変わっていると思うんですけど、利用者の方は連続したものとして体験していると思うんです。そのあたりはどう考えますか？

塚本　私たちはユニークすぎたというか、サポートステーションとしての事業を超えたつながりを作っていくようなこともやってきたので、栃木の場合それがサポステの姿みたいに少々偏った受けとめられ方をされてきた面もあったと思うんですよ（笑）。ですからだんだん若いスタッフが入ってきて彼らが主力になってもらう段になって、私などのやり方が前面に出るのはよろしくないと（笑）。そこはサポートステーションとは別の自分なりの方法みたいなものをとらえていかねばならない。その意味で私も徐々にサポステから離れて若いスタッフの仕事としてのサポステ作りを始めているところで、今はちょうどその切り替え時期なんですよ。

杉本　あ、そうだったんですね。

塚本　ちょうど栃木では二〇一四年十月に私どもが受託して「子ども若者・ひきこもり総合相談セン

ター」を開所します。ひきこもり相談センターは、ひきこもりの親の会の理事長が主になって、完全なひきこもりのケースなどは今後そちらに移行することになります。つまりひきこもり相談は徐々に相談センターのほうに、サポートステーションは就労支援に特化する方向なんですよね。相談センターはあくまでも窓口なので、連携を図る地域支援協議会というものを作って、困難なケースに対応できる紹介先をネットワークとしていろいろ用意しておき、相談窓口で抱え込むのではなく、いろいろな別の支援団体と協力しあって解決していく流れになります。

世間を内面化する若者たち

杉本　サポステ以外に受け皿がないところでそのような形ができてくるという面もあると。どうでしょう？　塚本さんから見て、ひきこもりがちの若者たちの傾向で何か感じるものはありますか？

塚本　こちらに来ていただいている方のケースですが、ひきこもり傾向にある方たちの特徴はもちろんいろいろですけれども、良いとか悪いとかではなく、やはり親御さんの期待みたいなものを先取りして、それに応えようとする成長の止め方のようなものをされている気がします。

ある程度まで現実を進んで就学期間はどうにかやり過ごせるとしても、いざ社会に出る段で個人としての人格的な形成とか、個人としての意識を求められたとき、そこが育っていない状況に直面すると思うんです。いったい自分が何に興味があって何をどう感じているか実感が湧かないくらいに。「こういうふうにしたほうがいいんだろう」と暗黙のうちに周りの期待に応える結果として、その人の中心部分が抜け落ちているような。それは典型として感じますね。ですからここに来所された方にはまず、「あなたはどう感じますか?」みたいなところからね。そこから一つひとつ「自分」という人格や自意識みたいなものを積み重ねていかないと就労どころではないですよね。

ちゃんと大学を出ていても自分という存在に対する自己認識がけっこう抜け落ちている方が多いのと、あとは世間が怖いんですよね。世間から自分がどう見られるかという視点で自分という存在をとらえているんです。世間から認められないと自分は存在する意味がないみたいなところまで。親だけでなく世間も自分に対して何を期待してるんだろう? それに対して自分はどう応えなくてはいけないのだろう? という意識ですね。この「世間」という感覚って日本独特なのかな? って考え込んでしまいますね。「世間体」とかね。

杉本　そういう話は取材の中でよく聞きますし、個人的にもよく考えることですね。ひきこもり経験者がひきこもりを改めて多角的に考える中で、「世間体」とか「世間の内面化」という言葉はピッタリくるんです。

塚本　そうですね。同時に、個人と個人として深くかかわる関係性自体がもてないでいることも考える必要がありますね。ここにいらっしゃる方たちはまず他者との関係をほとんどもてない状況で来られます。そういう人たちに日々どんな暮らしをしているのか聞きますと、ネット環境があると必ずネットをしていたり、ゲームをしていたりで時をやり過ごしています。「考える」という行為ができず、どうしたらいいかわからない。漠然とした不安の中で「どうしよう、どうしよう」という思いに囚われ、それを払拭するためにほかのところに紛らわせている感じですね。何か熱中できるもの、日々興味をもてるものがあればよいのですが。

杉本　そうですね。「溜め」となる何か、でしょうね。今日は若者支援の立場からのお話でしたが、塚本さんの体験を踏まえてなので、個人的には生きていく経緯の部分がとてもこころに沁みましたね。

塚本　いえいえ、とんでもない。私自身サポートステーションという国の事業の中でずいぶんやりたい放題やってきた印象があるんです。仕事としては素人だったと思いますけれど、本来若者は社会に支えられ育まれる存在だと思うんです。いま日本という社会の脆弱さゆえに若者を育てていくことが難しい。ですからこんな若者支援が事業になる。そのこと自体が健全な社会じゃないことを示していると思うんです。ですから、若者支援というものに関してはもっといろいろな人が入り交じり、いろんな生き方やいろんな価値観を垣間見る状況を作ったほうがよいと思いますね。

1　**地域若者サポートステーション**（愛称：「サポステ」）　働くことに悩みを抱えている十五歳から三十九歳までの若者に対し、キャリア・コンサルタントなどによる専門的な相談、コミュニケーション訓練などによるステップアップ、協力企業への就労体験などにより、就労に向けた支援を行う機関である。厚生労働省が認定した全国の若者支援の実績やノウハウのあるNPO法人、株式会社などが実施している。

第二章　仲間の力を引き出す

宮西照夫

Miyanishi Teruo

紀の川病院ひきこもり研究センター長／副医院長。和歌山大学において，画期的なひきこもり学生支援プログラムを開発したことで有名。もともとは文化精神医学を専門としており，マヤ文明について多数の研究を行ってきた。精神科医。

共同体的な精神療法から学ぶ

杉本　和歌山大学にてひきこもり回復支援プログラムを構築され、今はこの和歌山の紀の川病院で、ひきこもり外来という形で種々のプログラムを展開されているとうかがっております。本日はこれまでのひきこもり支援に至る経緯ですとか、いろいろとおうかがいしたいことがあります。まず、文化論（文化精神医学）の立場からマヤの先住民の方の民間療法の研究をしておられましたよね。

宮西　長くやっていました。

杉本　西欧以外の共同体的な精神療法から学んでこられたことから、ひきこもりなどに対する見方にも独自な観点をおもちなのかな、と思いまして。

宮西　いやいや、そんな大それたことはないです。ただ、ひきこもりは現在の若者の「文化結合症候群」（ある文化や民族に特有に見られる精神疾患）のひとつであり、若者たちの苦悩の表現の一形式だと考えています。私が和歌山県立医大で学んでいた頃は、急激な近代化や西洋医学中心主義に対する問題意識が強かった。それでマヤ文明に興味をもちつつ、文化結合症候群の調査も行っていました。

　卒業して半年ほど中米で調査して帰ってくると、「遊び過ぎやから田舎のほうへ行け」ということで、南紀州の田辺市にある公立病院の精神科に一年間派遣されました。まだ半年も勉強していなかったので、悪戦苦闘の一年間でした。そのときに目の当たりにしたのが、患者さんのおよそ九割が十年以上もの長期にわたり入院していたことでした。そこで土日を使って入院十年以上の患者さんのご家族を家庭訪問したことがありました。

杉本　それはすごいですね。

宮西　そのときに切ない話をたくさん聞いて。どうして日本ではこんなに長く入院が必要なんだろう？　と疑問をもちまして。ならばマヤの先住民の村に統合失調症の人がいるのかどうか調べてみようということになりました。電気・水道・ガスもない集落で、近代西洋医学で統合失調症と診断される人はいたけれども、彼らが村人と和やかに生活していることがわかったのです。

杉本　あ、そうなのですか。

宮西　ええ。その違いはどこから生じるのだろう。日本の精神科医療は非常に遅れてるのではないか？　マヤの伝統医学のほうが進んでいるのではないかと思い、調べはじめました。それが最初の十年間の調査テーマだったのです。

杉本　なるほど。

宮西　その調査過程で、偶然に「ススト」と呼ばれる人に出会ったのです。調査をしていた村で、突然に家事や育児ができなくなって、放置すれば寝たきりで食事もとれず死んでしまうススト と呼ばれる病の存在を知りました。最初、私はうつ病の昏迷状態と考えてしまって、現地の看護師さんの要請で「治療できるか？」と聞かれたので、うつ状態だから治せると安易に答えてしまったのです。そこにマヤの伝統医がきて、「ススト」だと告げたのです。で、それならお前が治してみろということになりまして、無謀にも治療を競いあったことがあるのです。

杉本　ええ。

宮西　結果、私が見事に治療に失敗し、伝統医は見事に治したのです。うつ病ではない、ススト という病があるということ、彼らの病についての考え方が理解できないと治療はできないとわかったのですよ。

杉本　へえ～。

「儀式と言葉の力」による治療

宮西　西洋医学では解決できない病としてススト に興味をもって、一時、ススト と彼らの治療テクニックを学ぶことに熱中しました。一般にマヤの民間治療は原始的だと思われがちなんですが、マヤは高度な伝統医学を発展させてきました。特に精神科リハビリに関しては、西洋医学に匹敵するものがあったと思います。精神的な病の治療はものすごく上手なんですよ。

もちろん、向精神薬はないのですが、「儀式と言葉の力」を使うのです。たとえば、統合失調症で言えば、社会生活を妨げるいちばんの症状は関係念慮や妄想ですね。関係念慮は周囲の人が自分の悪口を言ってるなどと、事実でないことが自分に関係していると思い込んでしまう症状で、近隣の人との人間関係をいちばん悪化させると思うんですけど、それをうまくコントロールする技術をマヤの伝統医はもっていたのです、マヤの伝統医学はその方法を紀元前から教えているのです。

杉本　それは具体的にはどういう技術なのですか？

宮西　今でも、マヤの伝統的な文化を伝える集落では、幻覚キノコを中心に幻覚を発現させる植物をうまく治療に使います。そして私たちが「統合失調症」と呼ぶ幻覚とか妄想をもつ人を、呼び名はいろいろですが、伝統医はその人たちを治療するにあたって一緒に断食したり、また、特別な治療儀礼を行う過程で幻覚植物を食べて一緒に幻覚状態に入って、「お前に悪さをしている原因を突きとめた」と明言します。悪口を言っているのは、隣人じゃなくて、悪霊など「超自然界の事物」が悪さをしているので、お前に責任はない、隣人が悪意を抱いているわけでもない、と言葉の力で納得させていきます。その治療儀礼を繰り返し行う。だから隣人への悪意が消えていくのです。

それに周囲の人たちも「邪悪な力によってああいう状態になった犠牲者なのだ」と。つまり病人ではなく、犠牲者なのだという理解が生まれてくる。家族の対応も指導しています。さらに身体的なリハビリも欠かさない。マッサージや食事療法とかも含んでいる。二年間、何事例かをフォローさせてもらったんですけど、独り言を言い自閉状態でまったく外に出なかった患者さんが見事に外へ出ていけるようになったのです。マヤの伝統医学には、こういったシステマティックな治療体系が存在するんです。

杉本　へえ〜。

宮西　もちろん、その人に聞くと幻聴とかはあるのです。声が聞こえてくるとか。けれども周囲への悪意はものすごく緩和されている。

杉本　なるほどねぇ。

宮西　それは治療儀礼による技術で、西洋医学と違う方法を用います。私たちが学んできたものとはまったく違いますが、彼らは神の力を借りて治すと言う。

杉本　はあ〜、なるほど。いやぁ、こういうお話が聞きたかったです（笑）。

「スチューデント・アパシー」から「ひきこもり」へ

宮西　いやいや。ススト との出会いから、内戦によるＰＴＳＤ（心的外傷後ストレス障害）まで、多くのことを教わりました。ご主人が殺される、そんな悲惨な光景も見てきたのです。主に和歌山医大に在籍中にこれらの調査を行ってきました。医大で八年も経つと中堅とみなされ、なかなか長期に海外に出かけられなくなってくる。研究指導とか、実験指導とかをしなければならない。そんなときに素晴らしい教授が、「お前、マヤ文明をもっとやりたいだろうから、それにふさわしい閑職がある」と。喜んで奉職したのが和歌山大学の保健管理センターです。

　そして暇に任せてマヤ学をやる予定だったのですが、和歌山大学で働くようになると、奇妙な若者が集まりはじめて逆に忙しくなった（笑）。一九八二年のことです。その頃スチューデント・アパシー[1]がマスコミで騒がれはじめていて、授業に出席できないのに難しい議論を吹っかけてくる生意気な学生たちがセンターに集まってきて、振り回されはじめました。

杉本　（笑）。そこが若者というか、ひきこもり支援につながるようなはじまりなのですね？

宮西　はい。で、こんなことをしていたのではマヤ学はできないと、すぐに「ラテンアメリカ研究会」を作り、学生の海外ボランティア体験や仲間作りを口実に外国に出る若者を集めまして（笑）。

その中にも授業には出れないが、副業、たとえば海外旅行は好きで海外には行けるとか、クラブ活動だけは熱心に四年間つづけて一単位も取っていないといった学生が増えてきました。そんな連中が自主的に集まってきて、「老賢人会」を作ったのです。ですから二つの学生のグループと行動をともにする羽目になったのです。

杉本　「老賢人会」はその後、大学内の自助グループ「アミーゴの会」に発展するわけですね？

宮西　そうですね。生意気な老賢人たちのおかげ（笑）。自分は七、八年大学にいるのだけど、四年で卒業する学生よりも知的には豊かであるという誇りと、ユングの老賢人[2]のイメージを重ねあわせたネーミングです。その名前をつけた学生は大学に十年おったのですが。

杉本　十年ですか（笑）。

宮西　いま、関東の病院で働いています。専門資格を取って。

杉本　そうなのですか。それは素晴らしいですね。それで和歌山大学の学生ひきこもり支援というものを本格的に立ち上げたのはいつ頃ですか？

宮西　正式には二〇〇二年です。「老賢人会」がずっと続いていて、ある時期からスチューデント・アパシー群の学生の様相が次第に違ってきたことに気づきまして。私がつきあったスチューデント・アパシーの学生というのは非常に生意気で、かつ青臭い哲学者。話もおもしろいし、一緒に海外旅行に行ったり、放浪したり。私も半年間ほど外国を放浪したのですけども。そのうちに、だんだん表情の厳しく暗い「自分は犠牲者である」というこだわりの強い学生さんが増えてきて、授業だけじゃなく下宿からも出てこない若者が増えはじめました。

杉本　この時期から変わった、というのはありますか？

宮西　長期に不登校だった人を調査していくと、八〇年代の終わりから九〇年代でアパシーからひきこもりへ移っていく傾向が見られます。アパシー群の学生が少なくなって、ひきこもり群の学生さんが多くセンターを利用するようになってきました。アパシー群の学生はあくまで本業である学業や仕事はできなくても、ほかのいろいろな活動に活発に参加してくれます。

ところが、ひきこもり群の学生は下宿にこもりきりとか、家にこもって外へ出ない。外に出るのはコンビニに行くときだけという学生ですね。八〇年代の終わりから九〇年代になってそういう学生が増えてきた。それでこれはどうもおかしいと。その頃から、地域貢献ということで外部のひきこもり相談を受けるようになり、百名以上の若者を見て、「これはいかんなあ」と実感したんです。ひきこもりの長期化が進んでいる。

日本社会の変容に苦しむ若者たち

宮西　もともと日本というのは「ひきこもる」ということを美徳と考えていましたね。なんらかの困難に遭遇して挫折し、悩んだ若者たちが家にこもったと考えていたと思うのです。それは日本文化のよさだったと思うのですよ。休憩する家が、場所がある。「フーテンの寅さん」のように放浪しながらも故郷では家族が待ってくれている。そういう家があったはずなんです。若者たちもそれを信じてひきこもったのだけれど、高度成長を経た過激な競争主義の中で、家庭が安心できる居場所機能を失ってしまった。

高学歴が幸せな人生を約束するという幻想を一部の人たちがもつようになった。そういう幻想を与えた社会とそれを共有する家族が増えて、若者たちを苦しめることになってしまった。つまり安心できる逃げ場だと思っていた家、家族は実はそうでなく、「働け」とか、「学校に行け」とプレッシャーを与える存在として、学校と変わらないものとなってしまった。そして、逃げ場を失い追い詰められた若者たちは、部屋にこもらざるを得なくなる。

下宿生活であればまだ救いはあるのだが、自宅だと自室にこもる以外に方法がない。日本では幸か不幸かほとんどの家庭で勉強部屋が完備されているので、自室にこもって悪戦苦闘して二、三年経過すると、「ひきこもり生活」に適応してしまう。

杉本　なるほど。

宮西　二、三年して同級生たちが、仕事に就いたり進学したりするときに、苛立ちが家庭内暴力へと走らせる。そこへ私たちが無謀にも突入して、ひどい目にあってきました（笑）。

杉本　そういう場面にも遭遇を？

宮西　その頃は身軽に家庭訪問を行っていたので。大学生が、障子を破ったり壁に穴を空けたり。バットでパソコンを壊すのは序の口ですね。唯一甘えられ、自分の味方と思っていたお母さんが、自分の思いに応えてくれない苛立ちで攻撃を加えてしまう。そして、後悔の念に苛まれ自分を責める。

その悪循環の繰り返しなのです。最初はおとなしく好ましい人と考えられていたひきこもる若者たちが、超過激な競争主義社会や学校教育の場で、苦しみを語りあう仲間との出会いや社会性を身につける機会を奪われて、ひきこもっていくのです。その結果生じる家庭内暴力だとか、異常行動により、個人の病理現象として取り扱われるようになってしまった。そして、治療ということになる。私のような、精神科医の出番が増えることになってしまった。

杉本　そうですよね。ええ。

宮西　彼らは異常とみなされ、しかも回復するきっかけ、適切な方策を与えられないできた。その結果、十年以上の長期にわたりひきこもりを続ける若者が半数を占めるといった特殊な現象を作り上げてしまったのです。これはおかしい。日本社会は、これらの若者を「ホープレス（絶望）」の状態に追い込んでしまった。ここまで問題を深刻化する前に解決できたはずなのですよ。別に一般社会で言うように普通に高校を卒業して大学に行って就職する必要はないのです。ですから私たちが行っている集団精神療法では「〇〇しないで××する方法」、つまり「高校に行かないで大学に行く方法」とか、「仕事をしないで生きていく方法」とかを話しあっています。

杉本　ああ、集団精神療法というと身構えてしまいますが、ずいぶん斬新な取り組みをなさってるのですね（笑）。ところでアパシーの時代からひきこもりまでを見てこられたとのことですが、アパシーとひきこもりのあいだになんらかの関連性があるのでしょうか？

宮西　う〜ん。アパシーとひきこもりの関連性については多くの議論がなされていますね。私は連続性があると思っています。つまりどちらも児童期から青年期の社会的成熟度の問題を抱えている。ただ、アパシーの場合はある段階まで成長することができた若者たちだと思うのです。彼らは自己確立の問題を抱え、立ち止まって悩む一群の若者で、そこまでは彼らは成長過程で生じる課題をクリアしてきた若者たちだと思います。

杉本　アパシーの人たちは児童期の問題はそれほどなかったと？

宮西　クリアしていると私は思っています。

杉本　なるほどね。

「ひきこもり臭」の人が必要

宮西　逆に幼児期とか児童期の課題の未解決は典型的なひきこもりを作り出しています。少年時代に自由に遊び、仲間作りをする機会や場を奪ってきた。私たちの世代が奪ってきたのだと思います。それゆえに、彼らには安心できる居場所でこれまでできていない仲間作りやコミュニケーション・スキルなどの獲得をうながす試みが必要なのです。

いま、私の専門外来に来ている中学生には、中高一貫の進学校に入学した後に、遊び仲間であり、相談相手であった小学校時代の仲間を失って孤立した結果、不登校になったりひきこもってしまった子が多く見られます。私はひきこもり専門の集団療法であるショートケア[3]を「成長共同体」と呼んでいます。この中で彼らが協力して力をつける。自分たちの力で育っていく。

杉本　そこまで出てきていただくためにはやはり先輩みたいな人からのちょっとした後押しが？

宮西　「ひきこもり臭」の人が必要だといつも言っています。

杉本　ひきこもり臭（笑）。ひきこもり臭というのはどういう感じなのですか（笑）。

宮西　まあ、ホンマに共感ですね。ああ、アイツは自分よりも苦労してるな、同じ苦労してるなというのが彼らにはパッとわかるようですね。だから私ではなくて、ひきこもっていた若者が、彼らに会うと話ができるようになるのです。

誤解を怖れずに言いますと、ひきこもる若者も、統合失調症の人も、スストの人もみなマイノリティの集団に所属する人たちですね。だから私たちには、マイノリティとして悪戦苦闘している人たちの声に素直に耳を傾けていく姿勢と、それともうひとつは、やはり彼らはマジョリティとは違った世界に生きている人たちなのだという理解が必要だと思っています。彼ら、ひきこもる若者たちには独自の世界がある。そういったマイノリティとして彼らが創り出している文化を理解することなくして、ひきこもりの解決はありえない。私のような普通の医者として、あるいは大学人といった世界の住人としての視点からは共感は難しいと思っています。厚かましすぎる。

ですからまず「ひきこもり臭」を漂わせる先輩と会わせてあげる。私には不可能な共感が育まれる。異文化を共感できる、ひきこもり臭を漂わせる仲間。社会の中で閉塞感をおぼえている若者に、苦悩を共有できる仲間をひとり入れてあげるようにセッティングするわけです。

杉本　なるほど。それを手伝ってくれるのはアパシーとかひきこもり経験の学生さんなのですか？

宮西　ええ。そして、ひきこもり臭を漂わせていた先輩が仕事に就いたら、次の人がその役目を受け継いでいく。要するに順繰りですね。

杉本　それはボランティアでやっている？

宮西　いま、私が働いている病院では、二人だけ非常勤職員として雇えています。専門外来で私がいくら丁寧に説明しても、親御さん方は納得してくれませんね。あくまで成功者のひとりである私が、何か立派な成功話を延々と語ってくれているけど……？　みたいなものですね。ですから回復支援プログラムを説明してもなかなか実感が湧いてこない。親御さんには、私よりもひきこもり生活で苦しい体験を積んできた連中の言葉のほうがぴったりあう。親御さんが話の途中から泣き出してしまって、私が口をはさむ余地もない。伝わるのですね、私が説明するよりも。

杉本　そうなのですねえ。

宮西　彼らの話す内容が伝わって、親御さん方の心を動かす。そうするとひきこもっている子どもさんにも伝わるのですね。今まで訪問支援が必要と考えていた若者がほとんど出てきてくれるようになる。だから親御さんをまず懐柔する（笑）。それが共感を生むということだと思うのですが、それは私にはできない。彼らにとって私は異文化社会で生きる人間です。まあ、私自身も文学を志しながら不本意で医学部に入った人間ですけれど。

杉本　（笑）。

宮西　実はこのやり方以外に私が楽になる方策が考えつかなかったのです。大学時代、アパシー、視線・対人恐怖とかいった悩める学生たちが大勢集まってきて、私は「忙しい、忙しい」を連発して過ごしていました。そんなとき、下宿から長く出てこない学生のところに出かけようとすると、集まってきていた学生のひとりが「先生、忙しくてかわいそうやから、代わりに行っちゃるわ」と、私に代わって下宿を訪問しはじめてくれて。

杉本　おお〜。それは嬉しい話ですね。

宮西　そう。すると、彼らのほうが上手なんですよ。まぁ学生の性格にもよりますが。その後、ひきこもる学生のタイプや性格を分析して、少し工夫するようになったのですけど。彼らもまたいろんな工夫や知恵を出してくれて、それを私がまとめて二〇〇二年にひきこもり回復支援プログラムを完成することができたのです。

仲間作りで対抗する

杉本　ああ。そういうものを集約して。じゃあすでにいろいろ実質的には動いていたものを和歌山大学の回復プログラムという形で？

宮西　二〇〇二年までに、すでに二十年近く支援活動を展開していました。そこでプログラムを作り、学外の五年以上ひきこもっている百名以上の若者にこのプログラムを実践して、その効果から長期にひきこもる若者にもプログラムが有効であるとさらに自信を深めて。メンタルフレンド[4]や、当事者の自助会である「アミーゴ」の制度[5]などを確立していきました。このプログラムには、仲間作りが絶対必要だということを前提にしています。

杉本　いや、それは本当にそう思います。

宮西　ええ。居場所ができて、仲間と話せるようになっても、最初はひとりではなかなか外に出ていけないのだけれど、半年ほどすると、金曜日のショートケアの後に、「先生、今日はA君の車があるので駅まで送っていきます」と誘われるようになりまして。そして、拉致されて喫茶店に行っておごらされる（笑）。ある日はハンバーガー屋とか、だんだん誘いが多くなる。そのうちに、老体である邪魔な私を見捨てて、彼らだけでカラオケやボーリングなどに遊びに出かけるようになり、遊びばかりでなく、ジョブカフェ[6]や専門学校にも数人で行くようになりました。ひとりでは怖いので、助けあいながらやっています。

杉本　怖いながらも一緒に行く仲間がいるのは心強いですよね。

宮西　仲間と一緒に行動する、それが必要だと思いますね。なんらかの理由で、これまで同世代の若者とつながりをもてず、子どもの頃、つるんで悪さをする機会を失ったり、奪われてつながりをもてずに育ってきた青年たちなので。あるいは、小学校まで友達がいても、中高一貫の受験校に入学して相談相手の仲間を失ったりなど、仲間を作れなかった原因はいろいろありますね。自由に遊ぶ機会や、対人関係を育む時を奪ってきた大人たち、その代表の私たちがいまここにいるのですけど。マジョリティの、普通の大人社会に対抗するには最初はひとりでは無理ですから、やはりつるんで悪さをする、闘う必要がありますね（笑）。そこで、同志の集まりを作る。

大学で「アミーゴの会」、病院ではショートケアの集まり「フロイントの会」を作りました。アミーゴはスペイン語で「友だち」、「フロイント」はドイツ語で「仲間」という意味で、名称はひきこもりや不登校などを経験した子たち自身がつけてくれました。こういう方法論の伝統を作ってくれたのは、「老賢人会」の連中。素晴らしい仲間たちだったのです。

成長共同体

杉本　仲間作りみたいなものって数値化できる成果にはつながりにくいかなあ、というふうにも思うのですが、その点でのご苦労はありますか。

宮西　そうですね、仲間作りを数値化することなんて困難です。また、彼らのこころの成長過程を数値化するのも難しい。その数値化をあえてしなかったということもあったのです。彼らは自分たちのことを研究対象としていると思った人を受け入れませんからね。ただ、彼らの後輩のこころをとらえるのに必要な資料、仲間に呼び込むための必要な資料作りには協力してくれます。たとえば、回復支援プログラムを実施した結果とその効果などもそのひとつです。専門外来に来たのは何百人で、そのうちの何十人は仲間作りの場に参加するようになり、三年間で彼らの言う「しがない社会にどれだけ参加することを余儀なくされたか」などなどある程度成果を数値化できます。参加者の年齢や学歴なども。

私は、病院でのショートケアの場を、大学でのアミーゴの会のような居場所と考えています。私が

「成長共同体」と呼ぶショートケア・プログラムに参加した五年以上ひきこもり経験のある若者の八割が、約二年間でなんらかの形で社会参加するようになっています。ショートケアでは、集団精神療法、芸術療法、SST[7]など、さまざまな試みを行っています。今後は、専門外来に通う約三百名もの予備軍の若者に、いかにしてこの「成長共同体」に参加してもらうかが課題です。単に社会参加と言っても、二十年間ひきこもっていた若者が古民家喫茶で働きながら小説を発表したり、海外で写真展を開くなど、多様な方法で社会参加する若者が出てきています。

杉本　へえ〜！

宮西　私のような年寄りの役目は、彼らの能力に気づき、それを発表する場を作ってあげることだと思うのです。今まで海外生活で知りあったワルい写真家とか、芸術家とか、小説家とか、私のつたない人脈を使って彼らが能力を発揮する機会を作ってあげればいい。まあ、みんなが芸術活動に参加する必要もない（笑）。勉強がよくできるので、親に同調して私も大学進学を勧めたけれど、親と私の期待を見事に裏切って専門学校に通うようになり会計士の資格を取った者。ショートケア卒業生で、今までいちばんの稼ぎ頭です。私の予想や悪だくみは裏切られてばかりですが、「よかったやないですか」と彼の仲間たちが慰めてくれる（笑）。

大胆に言えば、ひきこもりの基本課題は、少年期の仲間作りにあると考えています。この段階で育まれる発達がスムーズに達成されれば、ひきこもりはなくなると信じています。ひきこもる若者は、非常に優秀な能力や感性をもっていて、可能性を秘めています。ただ私はもう老人なので、人生の先輩としての役割だけは果たせますが、彼らがこれから構築する新しい世界観の理解や、ともに異文化社会で生きることは私には不可能であり、そこに私の役目はありません。インタビューにみえたあなたのような若い方に託したいと思いますので、よろしくお願いします（笑）。

1　**スチューデント・アパシー**　青年期後期から成人期にかけて主に男性に多く見られる無気力反応。

2　**老賢人**　C・G・ユングの提唱した普遍的な理想の父親像であり、経験の知恵や理性、そして堅実な判断によって特徴づけられる深い哲学者のイメージ。

3　**ショートケア**　正式にはショートデイケア。紀の川病院で火曜午後、金曜午後に行っているひきこもりグループワーク。宮西さんと精神保健福祉士（PSW）、看護師、ひきこもり経験があるサポーター二人が同席する。一日のプログラムは、①困った経験などを話す、②就職・進学や両親への感情などのテーマを語り、表現・コミュニケーション力を養う、③演劇やパソコン、カラオケ、スポーツを行う。参加者は大阪府から香川県までに広がる。

4　**メンタルフレンド**　家庭にひきこもりがちな子たちに対して家庭訪問などで交流を行い、自主性や社会性を育む目的のボランティア。

5　**アミーゴの制度**　和歌山大学ひきこもり回復支援プログラムの中で、部屋にこもっている子に苦しみを共感できる仲間として自宅を訪問したり、居場所（アミーゴの会）に参加する際に先輩として一〜二カ月同行してあげ、居場所の定着に寄与する。「アミーゴ」はスペイン語で「こころ許せる仲間」のこと。

6　**ジョブカフェ**　若年者が対象の就職支援施設で、原則として十五歳から三十四歳までが対象となる。二〇〇三年に国が策定した「若者自立・挑戦プラン」の中核的施策に位置づけられ、二〇〇四年度より各都道府県に開設されている。情報提供・カウンセリング・人材育成・職業紹介などの取り組みを実施している。

7　SST　ソーシャル・スキルズ・トレーニングの略。わが国では「生活技能訓練」と呼ばれる。対人関係技能を改善するためのトレーニング技法として開発された。

第三章　ピア・サポートという方法

田中　敦

TANAKA Atsushi

NPO 法人レター・ポスト・フレンド相談ネットワーク理事長。
中高年ひきこもり支援を全国に先駆けて行ってきた。
経験者自身の手によるユニークな支援事業を展開する。
大学講師，社会福祉士。

不登校を体験する

杉本　田中さんはもともと何がきっかけでひきこもり支援を始められたんですか？

田中　私自身がまず不登校、中学浪人を経験したということがありますね。父の仕事の関係で転校が多く、慣れない環境と生まれつきの内気な性格で小学生の頃から通学を渋るようになり、保健室登校もしました。中学校に入学してからは学級内のいじめが加わって、完全に不登校となりました。

杉本　それは一九八〇年代前半ということになりますか。

田中　そうですね。その頃はまだ不登校が爆発的に増える前で、対応する枠組みも今のように整備されていませんでした。それで自室にひきこもる生活になってしまったのですが、高校受験はすべて失敗。

杉本　それは大変なショックでしたね。それからどうなさったんですか？

田中　中学浪人ですね。すっかり落ち込んでしまいましたね。私塾というか中学浪人の予備校に行くことになったのですが、多くの生徒は進学校に行きたくて一年浪人してるというような感じで、不登校とかそういう人はほとんどいなかったですね。私を含めて三人しかいなかったんですが、そのため、かえって仲良くなれた。それと大学院生の先生が教えてくれたんですけど、その先生方の面倒見がよかったことでだいぶ救われました。人は取り巻く環境によって大きく変化していきます。人から与えられる影響は、やはり大きいものがあると感じますね。

杉本　よき人生の先輩との出会いがあったんですね。

田中　そうですね。中学時代は不登校で全然勉強しなかったので、ＡＢＣから英語をもう一度やり直しました。方程式も一から全部教えてもらいました。それで翌年にもう一度高校を受験したんですけれども、それがまた公立も私立も両方、落ちちゃったんですよ。予備校の先生が心配してどうして落ちたのかというのを聞いてくれたんですが、一浪してるんだったら現役よりもたくさん点数が取れるはずだとか言われたとのことでした。本当の理由なのかどうか私にはちょっとわかりませんが。

杉本　ずいぶん厳しいですねえ。いま考えると信じられない（笑）。

田中　私も、最初これで終わりかなと思いました。でも、たまたまその年の受験生が丙午《ひのえうま》。この年に生まれた女性は夫を殺すという迷信があって、出生者が少ない年にあたったため、受験人数が少なかったんですね。それで二次募集があったんです。その二次募集で私立の北星学園高校に拾ってもらえたという流れです（笑）。

電話で相談事業を始める

杉本　大学も北星学園大学で社会福祉を学ばれていますが、高校で何かきっかけがあったんですか？

田中　直接の影響とは言えませんが、高校のとき、先生に勧められて図書局に入ったんですけれども、そこがいろいろ痛みを抱えたというか、何かなじめないような人たちの居場所のようになっていた感じがあったんですね。そういった体験も弱者の視点に立つというか、マイノリティのために働きたいという意識につながったのだと思います。それで社会福祉学科に行こうかなと思ったんですよね。

杉本　やはり不登校の問題に当時から関心があったんですか？

田中　まぁ、そうですね。大学に入ってからやっぱり不登校だとか、教育の問題だとかを福祉の立場でどういうふうに考えていけばいいのか？　ということを考えていて、結局、そういうテーマで卒論を書きましたからね。

杉本　卒業されてからすぐに相談事業を始められたんですか？

田中　いえ。私が大学を卒業したのは一九八九年三月なのですが、そのあと三年ほど社会福祉協議会の事務員をやってたんです。でもやはり実践をしたいというのもあって、大学に戻って研究生をして、そのあと大学院に行ったんです。そこで電話のボランティア相談を始めました。

杉本　そのあたりはすごく大きな動きがあった時期ですよね。当時の文部省が「不登校は誰にでも起こりうる」という認識を示した頃ですね。

田中　不登校で家に閉じこもりがちの子のお宅を訪問して、ふれあいや交流を行う心理や社会福祉に関心のある学生たちによる「メンタルフレンド事業」が始まったのも一九九一年。ちょうどこの頃、たまたま朝日新聞を見ていたら、岡山で「高校中退一一〇番全国ネットワーク」を組織している真鍋照雄さんという人が不登校や中退の子どもたちの勉強をみたり相談にのったりという仕事をやっているという記事があって、そういう相談活動を全国ネットワークという形で広げたいという呼びかけの文章が載っていたんですよ。それに賛同して電話したんです。そうしたら、北海道の相談ネットワークを中心になって進めてほしいということになって、高校中退者の本人や家族への電話相談活動を一九九二年にボランティアで始めました。

杉本　先駆的なことをされていましたね。電話相談のほうはいかがでしたか？

田中　多いときには一日に五十件を超える電話相談があり、こうした活動のニーズを認識しました。しかし、活動を続けていくうちに、電話で相談できない人たちがいることがわかりました。他者と関係することが難しいひきこもっている若者などです。

手紙相談の大切さを残したかった

田中　そこで、今度は自分が中心となって、手紙で相談を受けつける「レター・ポスト・フレンド相談ネットワーク」を一九九九年に立ち上げました。手紙というチャンネルが必要だと思ったからです。そうしたら「「手紙で悩みを聞きます」という言葉を見つけてとても嬉しかったです。電話はかけにくいし、手紙なら思ったことを書けていいと思いました」とか、「この相談ネットの対象は、年齢に制限がないのが嬉しかった。二十歳以上の不登校ひきこもりなどの相談窓口は、まだまだ少ないですから」というような当事者からの反応がありました。それから「手紙でのやりとりの時間的ゆとりが、時間に追われた疲れた人間にはちょうどいいです」といった不登校の家族の方などの感想も寄せられていました。

杉本　潜在的には手紙での相談に対するニーズがあったということですね。

田中　そうなんでしょうね。そういう経緯から現在もＮＰＯ法人名は「レター・ポスト・フレンド相談ネットワーク」にしています。当初の「手紙」というチャンネルを使って相談にのるということの大切さを残したかったという気持ちが込めてあります。

杉本　なるほど。だから「レター・ポスト」なんですね。改めて納得しました。でも手紙相談というと、少しレトロな気もしますが、今でも続いているんですか？

田中　近年、社会では「電子メール」が主流になっていますが、それでも今なお「手紙」相談はなくならず、続いています。手紙には、相手の顔が見えない難しさがある一方で、ワンクッションおいた関係性のもとで、やりとりができる良さがあります。これからも新しい取り組みを続けていく方向ですが、手紙による相談がなくなることはないでしょう。

杉本　たしかに私なども相手の顔を見て相談するほうが緊張してしまうかもしれません。手紙では、どんな人たちが相談なさるのですか？

田中　不登校になったり人間関係に悩んでいる方からのご連絡が多いです。そしてひきこもり当事者をはじめとするみなさんもたくさんおられます。

ひきこもり支援

田中　本格的にひきこもり支援を意識したきっかけは、ひきこもりの親の会の設立準備にかかわりをもつ機会があり、ひきこもり家族会で親支援を始めたのが発端です。レター・ポストの活動としては、ひきこもり当事者や家族、支援者向けの会報誌『ひきこもり』を隔月一回刊行し、現在ではひきこもりだった人の投書も増えています。読者からは「わかりやすい」「貴重な情報が多い」と好評を得ています。

杉本　NPO法人になったのはいつからなんですか？

田中　団体そのものは一九九九年に設立したのですが、任意団体の期間が十年あって、二〇一〇年にNPO法人化しました。

杉本　そうなんですか。意外と間隔がありましたね。

田中　そうですね。NPO法人になるといろいろ規制や業績などの縛りが出ますから、しばらく様子を見ていました。それでも法人化しようと決断した背景には、相談してくる方々の高年齢化があります。ひきこもりの相談をしてくる方は、十代から二十代、そして最近は三十代以上と年齢が確実に上昇しています。彼らを支える家族も同様に高齢化し、家族だけでは支えきれない状況が顕在化してきました。孤立無援を予防する有意義な他者とのつながりや、失った自己の自信を取り戻す支援が欠かせませんが、それには彼らが主体的に参画し、幅広く社会参加できる機会と多様な人たちとの経験が必要です。そのために、NPO法人として活動することが必要不可欠と思いました。

杉本　まさに私の問題なので深刻さはよくわかります。私自身こちらの「SANGOの会」にお世話になりましたし。

田中　「SANGOの会」はNPO法人化の前の二〇〇七年に立ち上げていました。少しずつ外出が可能となったひきこもりの方の居場所というか、自助グループという位置づけになります。

杉本　三十五歳と珊瑚をかけた。

田中　そうです。ニート[1]、ひきこもりの若者たちの対策法である『子ども・若者育成支援推進法』が二〇一〇年に施行されるまで、「若者」の範疇から外れて支援が手薄になるのがおおむね三十五歳前後だったんです。公的支援の枠組みが適用されなくなった後も、支援の手から離れても、孤立しないでつながりをもつ貴重な地域の居場所が必要だということで立ち上がったんです。

杉本　なるほど。ＳＡＮＧＯの会の立ち上げが活動の転換点になりましたか？

田中　物理的な空間を確保しなければならないので予算が必要になったというのもあります。でも、やっぱり当事者が来てくれれば要求や要望というものが直《じか》に聞けるようになってきますよね。そうするといろいろな方向に事業展開していく引き金になっていく。

　結局、相談支援をいくらやっても本当の意味での安心というのは届けられないんじゃないかと思うようになったんですね。援助職としては受容や傾聴などいろんな方法論をもって相談を受けているんですけれども、最終的にはやっぱり当事者が活躍できる場を作って、本人が自分たち自身で安心できる場所を作り出していくしかないんじゃないかと思います。その人のもっている力を見つけ出してそれが活かされるような「場面作り」をしていこうということで、助成金事業をやってきたんです。

杉本　私も二〇〇九年にＳＡＮＧＯの会に参加するようになりましたが、私の印象ではやはり居場所的機能というか、ミーティングの場、雑談の場でしたね。安心できて、自分の体験とかを相互に交換している場として機能してたと思うんですけど、田中さんの言う「場面作り」というのは？

田中　やっぱり居場所が必要な人もいると思いますが、そこで元気になった人が次のステップにつながっていけるようなものが見いだされていかなければならないので、活躍できる場面を作っていく必要性があるんじゃないかと思いました。

それで助成金を使って、当事者が記者となり、全道のひきこもり支援団体を紹介する『北海道ひきこもり支援ハンドブック』作成事業などいろいろな取り組みをしています。会報の表紙はイラストが得意な人が絵を描いてくれたり。それが載ると本人もやはり嬉しいと思うんです。そういうことが自信になってまた描いてみようかとか、また作ったら送ってみようかなという気持ちになるので、そういう次に活かしていけるようなきっかけ、チャンスを見いだしていけるような場面を作り出していくことが重要だと思っています。

「ひきこもり経験を人生の宝に」

杉本　活動の中で田中さんがめざすところというのはどのようなものでしょう?

田中　そうですね。「ひきこもり経験をこれからの人生の宝に」という言葉をひきこもり当事者やその家族が本当の意味で実現できるように、という思いがあります。そのような政策をNPO団体がいかに実践していくのかが課題であり、そのためにはひきこもり経験者がみずから声を上げて発信していかなければなりません。少しずつ歩んでいける姿を、後に続く「ひきこもり」で悩んでいる人たちに「行動して見せていく」ことが必要であると思います。ひとつの事業に携わることで得た達成感をもとにして、次に展開していく事業を前向きに、そして緩やかに実行していきたいです。

たとえば私どもは当事者の方の体験発表など、種々のイベントを行ってまいりましたが、これら一連の行為一つひとつが、社会に向けてひきこもりに対する誤解や偏見を是正するものにもなり、ひきこもり経験者たちによる社会参加の貴重な場となりました。これらは多人数の中で行われる仕事でもあり、不慣れな部分も目立っていましたが、間違えてでも最後までやり遂げることの充実感は、緩やかな働き方が保障されるNPO事業で実践できるところに成果が見られたと思います。

地域特性を見据えた今後の活動

杉本　最後に、レター・ポスト・フレンドの今後の活動について教えてください。

田中　そうですね。これからも、ひきこもり当事者が「みずからの経験値を活かした」会報『ひきこもり』を年六回、全八頁フルカラーで毎回三百五十部作成していこうと思います。また、広く閲覧できるようにPDF化してホームページにも掲載し公開します。地域で悩むひきこもり者とその家族の励みになるとともに、会報づくりに取り組むひきこもり当事者も社会に役立つ経験を積むことによって自信回復過程に寄与することにつながります。

杉本　現在は会報も助成金を活用して作っていますよね？

田中　そうですね。会報を作るためには印刷製本費や通信運搬費が必要となり、そのための経費に充てています。ひきこもり者は無職ですから自己負担を強いることは困難です。ひきこもりの理解啓発につとめるため、会報は無償で提供しています。

杉本　活動の中で特に重視している点はどんなことでしょうか。

田中　「ひきこもり経験者がみずから動くことで同様に悩むひきこもり当事者を勇気づけたい」「ひとりでも多くのひきこもり当事者と家族のもとに会報誌を届けたい」その思いを強くもっています。

杉本　なるほど、「レター・ポスト・フレンド」という原点からある思想ですね。

田中　あとは、北海道は他の都府県と異なって、広域性を有する支援が求められていますから、NPOの理事になってくれたひきこもり経験者の方や活動的なメンバーと地方をまわり、地域の実情を掘り起こす活動を行っています。その活動の中で札幌圏と、北海道の他の地方の街は、情報にも大きな格差があることがリアルにわかってきました。ですから遠くても、ローカルな地域をまわりながら、情報源として会報誌も送ります。当事者も含め、親御さんなどはインターネットなどを器用に使うことができるわけではありませんから。

杉本　それは感じますね。

田中　やはり地理的な不利がある。札幌圏はいいですが、それ以外のところではそもそも支援を受けたくても周囲に町すらない。コンビニに行くにしても一時間かかるところも珍しくありません。私たちNPOでは、この問題意識に基づいて、地方圏でもひきこもり当事者や家族が安心して参加できる当事者会の出張版、「サテライトSANGOの会」を通して地域をつなぐ「ひきこもり地域拠点型アウトリーチ支援事業」を重点的に展開しはじめています。

ピア・サポートというスタンス

杉本　アウトリーチというと、どんな支援をしているのですか？

田中　同じ悩みをもっている人が訪問するという、ピア・サポートと呼ばれる形ですね。ピア・サポートというスタンスは手紙相談の頃から一貫していると思います。大きな転機としては、二〇〇二年から、外出が困難なひきこもりの若者のお宅に、元気になったひきこもり経験者が定期的に訪問するという活動を始めて、仲間との関係構築のきっかけづくりとなるように力を注いできました。

杉本　ピア・サポート事業で苦労された点などがありましたら教えてください。

田中　いろいろありますが、やはり自宅まで来られることへの抵抗は大きいですね。せっかく人に会わないようにひきこもっているのに、わざわざ家にまで来てしまうわけですから（笑）。

杉本　そんな場合はどうするんですか？

田中　基本的には無理強いすることはありません。ゆっくり待つことが大切ですね。ただ、なんらかの形で語りかけることは続けなければならないと思っています。粘り強さの勝負ですね。

杉本　ピア・サポートもいまけっこう件数は多いんですか？

田中　最近徐々に増えてきているという感じですね。

杉本　それではけっこう交通費も大変ですね。

田中　そうなんです。でも当事者の家族にも負担させられないですからね。難しいところです。できれば、国がこういうひきこもりサポーターをやっているところ、そこで頑張っている団体の活動に補助金なり、委託なりのシステムをちゃんと整えていただきたいと思うところです。

1　**ニート**　「Not in Education, Employment or Training」の略。就学、就労、職業訓練のいずれも行っていない若者の状態を指す。十五歳から三十四歳までの若年無業者にある若者を総称する。

第 2 部

ひきこもりゆく「心」

第四章　対人恐怖とひきこもり

安岡　譽

Yasuoka Homare

北海道精神分析研究会会長。

長く大学病院で精神科医療と，精神分析治療を行ってきた。若者の心理療法に精通し，特に対人恐怖症治療に関して造詣が深い。精神科医，臨床心理士。

対人恐怖とは何か

杉本　本日はご専門でもある精神医学、臨床心理学の立場から対人恐怖とひきこもりの関係についてお話をお聞きしたいと思います。対人恐怖とひきこもりはつながりやすい気がするんです。私は醜貌恐怖という症状がありました。自分の顔はもう稀な異形のものだとか、自分は世にも稀な気味の悪い存在だと思い込んでしまったのです。当時映画で、『エレファントマン』という作品が上映されました。それは醜悪な外見の姿によって見世物にされた青年の話でしたが、まさに自分はエレファントマンだとさえ思ったんですね。

あとはほかの人の態度とか素振りが気になる。たとえばバスに乗っていると、あの人は私の側《そば》から離れていってしまうとか、地下鉄で誰も私の側《そば》には寄らないとか。そういう、単なる羞恥心を超えた、関係性の中での不安、不信とか、疑いというものに一時期呑み込まれました。

安岡　それは大変なご苦労をされましたね。

杉本　最初は人見知りから始まったのですよ。中二の頃、机を並べた女の子が僕の机を離すということをきっかけに、クラスの女の子全員が僕を嫌っていると思いはじめて、中学を卒業した年の春休みくらいにだんだんとその範囲が広がり、周りの人びと全体が僕を嫌っている、嫌な目で見ている、逃げている、そういうふうに感じてしまったんです。苦しかったですね。そこでその対人恐怖症について、精神医療あるいは精神分析から見た理解という点からお話しいただきたいと思うんです。

安岡　まず対人恐怖症の理解の大枠について、私自身基本的にどのように考えているかということを述べますね。臨床的には対人恐怖にはいわゆる正常の人が示すもの、たとえば人見知りが過度に強いのがある時期一時的に起きるものから、それこそ対人恐怖自体の内容に確信を強めた妄想様状態からパラノイア（偏執病）に近いところへいくものまで幅広い状態を含むものですね。その中でまず昔からの研究でいちばん多いのが神経症タイプで、それは人前でなんとなく不安定な気持ちと対人緊張感が起きてくる。人が自分を軽蔑したり、嫌がっているのではないかということがすごく心配になる。自分が他人から受け入れられていないのではという不安が起こり、拒絶され傷つくのを恐れる。それが嫌だからできるだけ人間関係から身を引こうとする。こういう特徴を示すのですね。

またほかに、人前に出ると顔が赤くなってしまう「赤面恐怖」、人前に出ると緊張のため手が震えたり身体が震える「震え恐怖」、人の視線が怖い感じがする「視線恐怖」、あるいは自分の身体から何か嫌な臭いがして、みんな嫌がっているのではないかという「自己臭恐怖」、そしてあなたが体験したように自分の顔がなんだか普通ではなくて醜いものだと、周りの人が見ればそうではないんだけれども、自分はついついそう思ってしまうという「醜貌恐怖」ですね。まあいろいろあるわけですね。対人恐怖というのは若者に多いですから、ひとつの症候群として考えたほうがよいのではないかという考え方さえあります。

杉本　青年期の自意識過剰みたいなものですか？

安岡　そうです。対人的な恐怖症状ですからね。ただ少ないのですが、人との関係で関係妄想や被害妄想みたいなニュアンスを帯びるものがあり、それが青年期のいわゆる統合失調症の初期症状と似ている場合があるので、しっかり区別しないといけませんね。

　精神科医として私の若い頃の臨床では、赤面恐怖とか震え恐怖とかの対人緊張レベルの人がほとんどだったんです。それを私は「古典的な対人恐怖」と言っています。古典的なものがあるとすれば、現代的なものもあるはずです。その現代的な対人恐怖の中には視線恐怖とか自己臭恐怖とか、特に醜貌恐怖があると私は言っています。これらは現代的に増えてきたものです。「古典的対人恐怖」から「現代的対人恐怖」への変化を私は観察しているのですが、それは思春期のあり方が時代の変化の影響を受けて、症状の表現型も変わってきているということなんですね。[1]

「恥と罪」から「怯えと被害」へ

安岡　戦後の二十年間くらいは古典的な赤面恐怖、人前で緊張しやすいとか、人前で自己主張するのが苦手とか、あがり症な人とか、人見知りなところがある方が多かった印象を受けるんです。それが戦後日本が復興する過程で、みんな一致協力・団結しあい「和《わ》をもって貴しとなす」でやっていたその時期から次第に高度成長期になった。

　それから、今の競争原理の社会に変容して、一人ひとりが自己責任をもち競争に勝たなくてはいけないような状況、現代のアメリカナイズの考え方が強くなってきた。そうなると人前で恥ずかしがるとか罪の意識を感じるという受け身的感覚から、人の中に能動的に入ってやってやっていくことがうまくいかないと大変なことになるという、敗北感や挫折への怯えが生じてきたのです。「恥と罪」の感覚から「怯えと被害」の感覚への変化ですね。若い人の対人関係のパターンもそうなっていく。そしていじめが問題化されてきた頃から、いじめられるほうは怯えるより仕方がなくなる。そんな時代には怯えや被害感を中心とした「人が怖い」という感覚による症状として視線恐怖や醜貌恐怖などの対人恐怖が現代的な表現型となったし、現になっているのです。

これが私の基本的な考えですね。まぁ、単純化して言っているわけですが。要するに、困難に直面すると怯えと被害感が前面に出て、傷つくのを避けて回避行動をとる人が多くなったのですね。その回避の選択をした結果、「ひきこもる」という形になり、対人恐怖症の人がどうしてもそういう方向に行きやすいのです。ですからおっしゃるとおり対人恐怖とひきこもりというものの関連を考えていかざるを得ないのです。ひきこもっている人の中に対人恐怖の強い方がおられれば、その症状を軽くしてさしあげて、自由に自己主張できるようになれば、次第に対人恐怖、対人緊張はご卒業されるということになるでしょう。

テンション族

安岡 日本人の場合、もともと対人緊張をもつような文化が昔からあったので、私は「日本民族はテンション（Tension）族である」と思っていますが、こういう病態が非常に現れやすい特性がある。世界的に見るとほかの国では少ないということがよく言われているんですが、唯一例外があって韓国と日本には対人恐怖が多いと言われています。

杉本　韓国と日本ぐらいですか？

安岡　まあそうです。よく考えれば両国は文化的な交流が昔からあるわけですから不思議でない感じがします。だから対人恐怖はある学者が言うには「文化結合症候群」。つまり文化に結びついた現象であると理解される方もおられる。

杉本　関連が強いということなんでしょうか？　逆に言うとなぜ他の国は、対人的な恐怖というようなものをもたないんだろうか？　というふうに思ったりするんですけれどね。

安岡　人間、どのような場合がいちばん怖いですかね？

杉本　やはり自分に対して暴力的にふるまわれるとか？

安岡　そうですね。戦争とか暴力沙汰になって相争う状況なんかを見れば、これはどこの国とはいわず誰もが怖い状態ですね。生死にかかわる根源的な恐怖で相当な緊張を強いられる。まあ戦争という特殊で極端な事態を想定しているわけですけれどもね。このことは、集団（国家、民族、団体そして家族など）から生じる心理的緊張や恐怖が個人の心理的緊張や恐怖をもたらす典型例ですね。

一般に個人心理があってその延長線上に集団心理があると誤解されている人が多いのですが、事実はまったく逆で、集団心理が個人心理を規定し影響を与えているのです。そこで平時の特別な争いがないときになぜ日本人に対人緊張や対人恐怖というのが起きやすいのか？　ということですが、これは個人の内面的葛藤ばかりでなく集団がもつ文化的な心理的側面からも見ないと説明できないのではないかという議論があるのですね。集団心理から個人心理が出てくるわけですからね。

杉本　いわゆる神経症というのは、対人恐怖以外にもさまざまな形がありますよね。対人恐怖症というものがノイローゼのひとつとして日本とか韓国のような国だけに多いとしても、ほかの国にもひきこもっていいたい状態になるようなノイローゼはないのでしょうか？

安岡　現代は世界がグローバルになっているせいか、西洋でも対人恐怖が見られるようになったという報告があります。いろんな議論がたくさんあって、それを整理するだけでも大変ですけど、たとえば西洋と東洋という大雑把な分け方をして、文化や歴史的側面から見ますと、東洋、特に日本人は自然に恵まれた状況の中で、自然を畏怖する。それをアニミズムと言いますが、自然の万物、つまり石でも山でも人間でもあらゆる動物でも「神」として考えて大事にする考え方を抱いてきました。

杉本　なるほど。

安岡　特に日本は聖徳太子の十七条憲法じゃないですけど、われわれ高校生のときは「和《わ》をもって貴しとなす」というふうに教えられたんですけど、ちょうど十七条憲法の原本のようなものを見ると、和《わ》と言わないんですね。和《やわらぎ》。「和《やわらぎ》をもって貴しとなす」とある。いい言葉だなと思いました。一般に「和《わ》」というと、集団の和を尊重し保つイメージが浮かびやすいのですが、「和《やわらぎ》」には、個人のこころが平静で安らいで、安心しているという意味もありますね。そして、和《やわらぎ》を乱すような、つまり争いごとを起こすようなことはいかんぞ、というのが第一条の第一文なんです。今で言えば平和な人びとのこころのありようが大事で、平和なこころを乱す争いごとを起こしてはならんぞということですね。現代の平和憲法の道徳的、理想主義的な精神がすでに見られます。

こういう考え方が出てきたのは仏教の影響もあるのかもしれないけど、当時、やはり日本が農耕民族として生きていく生活選択をしたことがひとつ大きな要因だろうと思うんですね。米を作るのに「八十八人の手間」をかけてやっとできる。つまりみんなの協力、和《わ》がないとできないわけですから。「俺は手伝わんぞ」と言う人が出たら周囲が困る。村八分になっちゃう。みんなが協力しあうという生活をしていた。そこがこの「和《わ》をもって貴しとなす」という文化の日本的な起源で、農耕文化の特徴ですね。

西洋と東洋の思考回路

安岡　西洋でも農耕はあったんでしょうけど、そもそも最初は狩猟が中心であって、狩猟だと捕ったもの勝ちみたいなところがある。要するに競争原理で、獲物が捕れなかったら家族がその日は飢えてしまう。そういう伝統があり、どうしても獲物の捕りあいみたいな競争の原理が生じて、特に砂漠などの自然環境に恵まれていない悪条件では、生死をかけた大変な競争の中で生き延びなくてはいけない。そのためには食糧確保のために戦わなくちゃいけない。戦争ばかりしているのはそうした伝統の流れなんですね。

もちろん日本でも食糧をめぐって戦いがあったり、内乱があったりしたことがありますけれども、西洋的な敵を全滅させるようなことはせずに、日本の場合は敵が白旗上げたら許して今度は自分の味方にする。日本では内部で争い相手を絶滅させせたら、米を作るのに人手が足りなくなりますからね。

そうなると日本人は負けそうだなと思ったら、さっと寝返ったり、強い者にパッとついたりする。将棋と同じですね。たとえば将棋は相手の、敵の駒を取ったら、今度は自分の味方として使えるわけでしょう？　ああいうゲームは日本にしかないでしょう。

杉本　西洋のチェスは……ああ、たしかにないですね。

安岡　そうでしょう。だから西洋では、競争に勝つためには「自己主張」をしなくちゃいけないし、力強くなくてはいけない。極端に言えば、そういう思想に発展する要素があったわけですね。対して日本は「和《わ》をもって貴しとなす」ということを大切にしますから。日本で自己主張しようとすることは非常に緊張を強いられるんですよ。集団の中で自分の意見が反対されたり、孤立するのを怖れますからね。集団から排除され、拒絶されるのを怖れる。

しかし、日本人にだってそれぞれ意見がある。その異なった意見があるにもかかわらず、それを自己抑制しなくてはいけない。だから大変なんだよね。そういうところから緊張が生まれる特徴がある。西洋の場合はどちらかというと自分を抑えなくてもいいわけですから、何を緊張する必要があるだろう？　勝つか負けるかという次元に一足飛びに飛躍する。だから西洋で日本人的に緊張するということは、日本人が知る意味では起きづらい。おそらく西洋では「自己主張」しないことのほうが緊張するでしょうね。それが外国では対人緊張や対人恐怖の頻度が少ないひとつの理由ではないかと思うんですね。

自分が納得する生き方

杉本 たしかに、私たちの住む社会では気を遣うことが基本みたいなところがありますね。

安岡 そうですね。昔の対人恐怖は思春期の性への関心や不安を恥じて、それを相談する友だちが少ないためにそれが悩みの種となったり、親の期待に応えられない自分に対する内的葛藤から症状が発生した。昔はこの程度のメカニズムが多かったのですけれど、最近は時代の変化で、普通の人は本来自己主張して傍若無人にはふるまいたくないわけだけど、アメリカナイズのため、競争しないとやっていけないぞ、という外圧的な傾向を押しつけられた結果、悩みが深くなる。これが現代的な対人恐怖で、醜貌恐怖とか視線恐怖とかを含めて、こういう人が多くなっています。だからおそらくあなたが最初にお話しされたのは現代的な対人恐怖ということでしょうね。

杉本 そうですね。

安岡 その特徴をお話しされて、まさに現代的な課題として聞きましたね。

杉本 端的に言ってしまうとですね、笠原嘉さんの『青年期』（中公新書）という本を読んだら、もう一九七七年の段階で対人恐怖とか、当時、大学生が学問以外のことはできるけれど、本業の学問からは逃避するスチューデント・アパシーとかが話題になりはじめた時代にわりと的確で、自分の中で腑に落ちる部分がありましたね。対人恐怖症も、「アパシー」と呼ばれる無気力症に関しても。やはりそこで言われていたのは青年時代に、特に男性の場合、自分の肉体や自分の身体の問題がまず思春期の頃にあって。

安岡　性をめぐる課題も含めてね。

杉本　ええ。それは私にとってみればたとえば醜貌恐怖みたいなものとつながってくると思うんですよ。自分の肉体に対する関心と、それとつながる関係妄想的なもの。そして次に大学卒業頃の、私にとってのもうひとつのテーマである、自分がどういうふうに生きていったらいいのかということ。

私、ある新興宗教やっていて、強烈に信仰してしまいるような気になった時期があったんですけれど、結局そこを逃げ出し、ふたたび神経症になってしまいました。つまり性的な関心が高まった思春期と、もうひとつは、自分はどういう存在なのか？　どう自分の人生を組み立て直すのか？　という同一性をめぐる悩みが重なったんだと思います。

安岡　そうなんですね。いずれにしろ自分の主体性をね、自分の納得する生き方を模索されたんですね。人はそれを手に入れたときに本当の意味の自立というものが成り立ちますからね。

杉本　それが難しいんですけど。主体的に選んでその道を生きるということが今は……。

安岡　難しいですよね。

杉本　そう思うのですよね。

汝自身を知れ

安岡　たとえば職業も選択肢はたくさんありますよね。しかし、自分が納得して生きがいを感じたり、生きる意味が感じられるような仕事は何か？　と問われると誰にとっても答えが難しいですよ。現代、いろんな仕事があるけれど、どれが自分にとって適切なのか。

たとえば社会に貢献するなり、人助けになるなり「意義のある仕事」は何かというと「帯に短し、たすきに長し」でね。そういう中にあって自分の軸足を定めるという課題は大変難しいので、今の若い人は大変だろうと思います。私どもの医療の世界でさえ「医は算術」でね。それに疑問をもつ若い人も当然出てくるでしょう。それからたとえば介護の仕事もかなり3Kの中に入る重労働を強いられるわけですね。社会的に人命を扱う貢献をしているのだから高く評価されてしかるべきにもかかわらず、現実は低賃金、重労働と正反対のことが起きている。人間のヒューマニティとか、理想とか道徳心とかの基本、そういうものが根底から崩されている。今はそんな時代なんですよ。

そういう社会の中で働くのが「一人前」で、それが「自立だぞ」なんて建前を言われたって、何を言っているんだ？ って考える人が出てきても不思議じゃない。逆にそれを社会が押しつけてきたら、怯えたり恐怖したり、拒否したくなるのがノーマルな人の反応ではないかという考えさえ浮かぶわけです。いずれにせよその分だけ選択に迷って少し立ち止まっているのを「ひきこもり」と言われたのではね。そういう悩める人たちは立つ瀬がないわね。

杉本　対人緊張、対人恐怖というものが自分にとってどういうふうに意識化されるのかという話でいくと、いまみたいな問題提起のところにピッと入っていくことがひとつ突破口になるとは絶対思うんですね。ただそれをどういうふうに処理するか？ っていうのはものすごく難しいことだと思っています。新たな難しい課題だと思います。

安岡　ただ、まあ誤解を恐れずに言えばね、優しい人に出会う機会がたくさんあればね、その出会いの積み重ねでやわらぎの認識の水準が高まる。つまり深刻な悩みに至るまでには発展しづらいと思うんですよ。しかし過剰なノルマを強制的に与えられたり、受け身的に与えられた場合には、違和感をおぼえるはずですから、しっくりしないわけですよ。そのしっくりしない感覚というもの、これが少しずつ増大していくと対人緊張、やがて対人恐怖というものを形成していくことへつながっていくということなんでしょうね。

ただね、結局は自分のおかれた状況を冷静に客観的に分析して、その正体を見きわめて、自分の正直な気持ちが整理できて、自分はこのように生きていこう、というように認識できるようになれば、そういう人がやっぱり人間として本当に強いんだと思うんですよ。頭が良い悪いの問題ではない、偏差値が高い低いの問題でもない、対人恐怖の症状があるないの問題でもない。

要は「汝自身を知れ」ですね。自分がありのままにもっている能力にしろ力量にしろ、それに見あった生き方をしてそれで満点なんだ、十分なんだという認識がもてるかどうか。最終的にはそれに尽きると思いますね。まぁ本人にとれば言うは易し、行うは難しでしょうけどね。しかしその点が大事だということを少しでも理解していただければ、また違った角度から生き方を見直すことが可能ではないかと思います。これはひきこもりの人たち一般にも言えるのではないでしょうか。

社会の客観的条件をよく認識し、それが自分にどういう影響を与えているのか。それを整理して、どんな社会的条件におかれても自分はこうするという方向を得られること。これがこの現代的な大きな課題に向きあう対人恐怖やひきこもりと呼ばれる人たちの大きな役割だと思います。過大な課題を伝えているると思われるかもしれませんが、真に「和《やわらぎ》」を求めている彼らこそ解決できることだと私は信じています。

1　安岡譽「対人恐怖と精神分析」『日本森田療法学会雑誌』第十二巻第一号、五十五〜六十一頁（二〇〇一年）。

第五章　自己愛とひきこもり

橋本忠行

HASHIMOTO Tadayuki

香川大学准教授。

人間性心理学の立場から，若者の心理的支援に携わってきた。心理アセスメントを積極的に心理療法場面で活用していく「治療的アセスメント」について研究している。臨床心理士。

ひきこもりの心理アセスメント

杉本　研究者として心理検査などを活用する「心理アセスメント」を実践されているとお聞きしています。本日はそのあたりのことも絡めつつ、ひきこもりについての見解や、接近方法をお尋ねしたいと思います。まず、ひきこもりの方のケースは増えていますか？

橋本　そうですね。ひきこもりの方に特化しているわけではありませんが、やはり最近は増えてきた印象がありますし、よく担当していますね。

杉本　ひきこもりの方のケースには、どのような感想をおもちですか？

橋本　月並みかもしれませんが、人が変化していくのには時間がかかるなという実感をもっています。ひきこもりの男性でこんな方がいました。警戒心が強くてスマートフォンでブックマークしているのは国防や日本の城に関するブログだったりする方でした。面接でも簡単には心を開かないというか、いろいろお尋ねしても、そんなことを聞かれても何と話していいかわからないと言われる場面がしばらく続きました。

杉本　そういった方は多いでしょうね。そういう場面ではどうアプローチされるのですか？

橋本　そうですね。私も「なかなか難しいなぁ」と思っていたのですが、事前に行っていたロールシャッハテスト[1]から、人に甘えたい気持ちとか、愛着に関する要求があるのかもしれないという所見を伝えてみたんですね。人に甘えたい気持ちとか、愛着に関する要求があるのかもしれないという点についてですね。

本人は少ししんみりした表情になりました。そこから進み出したんです。それまで八対二くらいで私が喋っていたとしたら、その後は次第に五対五に近づいていきました。「人を頼りたい気持ちが少しあるのかな」「誰か自分の力になってくれたらいいな」という言葉が本人から出てきて。ひとつのターニングポイントだったな、と振り返って思います。

杉本　そういったことはよくあるのですか？

心理療法の過程では、感情の変化が重要で、新たな理解につながる入り口にもなります。そこから話を続けることで、それまでとは異なった自分に対する肯定的な見方の片鱗が現れてくる。それは「希望」のひとつであると言えるのですが、クライエント（相談者）によっては、注意深く耳を傾けていないと聞き逃してしまう形でしか語られない人もいます。そういうところに光を当てるのが、おそらく私たちの仕事なのでしょうね。「自己効力感」と言いますか、自分には変化する力があると思えるのは、本当に生きる力につながると思います。

ひきこもりと自己愛パーソナリティ

杉本　ご自身のセラピストとしての立ち位置はどういうものですか？

橋本　私は九州大学出身で、村山正治先生[2]と野島一彦先生[3]について学んだんです。お二人とも人間性心理学[4]を体現した方で、誰に対しても分け隔てなく大切にする態度を学びました。ですから、ロジャーズ[5]やジェンドリン[6]の姿勢は基本にあります。それから、自己心理学の流れにあるコフートのアプローチにも相当影響されています。特にひきこもりの方を理解する上では欠かせない理論だと思っています。

杉本　コフートはどのような方ですか？

橋本　もともとはアメリカ精神分析学会の会長も務めた方なんですが、一九六〇年代後半に精神分析を内部から再検討して「自己心理学」という新しい分野を切り開きました。治療論の中核に「共感」を位置づけたのがそれまでの精神分析と一線を画していると思います。コフートは、ある意味、精神分析と人間性心理学をつないだ臨床家であり研究者だと私は考えています。さらに言うと、「ひきこもり」はコフートの研究した「自己愛」と関連した問題かもしれません。

杉本　そうですか。以前、精神科医の先生から「ひきこもり」という問題はこれまでの神経症圏のカテゴリーだけではとらえられない、とも聞きましたが。

橋本　「自己愛パーソナリティ」という診断がついている方が散見されますね。

杉本　自己愛とか言われると、私自身はあまりいい気はしないかもしれませんが（笑）。他人には見向きもせず、鏡を見ながらうっとりしているみたいな……。

橋本　たぶんいろんな手あかがついた言葉になってしまっている。人柄を否定的に表現するときに、自己愛やナルシシズムという言葉が使われるようになってしまった。おっしゃるように、自分のことばかり考えていて嫌な奴だっていうイメージですね。

杉本　その「自己愛パーソナリティ」というのはどのようなものなのですか？

橋本　ギャバードという人が自己愛パーソナリティを「過敏型」と「誇大型」の二つに分類したのですが[7]、いずれにせよ自分のことにエネルギーを集中させがちです。日本では対人不安をともなった過敏型自己愛の方が多いのではないかと言われています。ほかの人が自分のことをどんなふうに思っているのかとか、他人の評価が気になる。具体的なエピソードとしては、尊敬している上司や先生と廊下ですれ違って「おはようございます」と挨拶したときに、その方が忙しくって何かちょっと返事なくパッと通り過ぎられたら、それだけで気分が暗くなっちゃうとか。対人恐怖にも関係するタイプですね。

杉本　それはわかりますね。私も中学生の中頃から対人恐怖症になりましたが、あるとき、隣の席の女子から机を離された気がして。まぁいま考えると机を離されたかどうかなんてよくわからないんですけどね。そういう感覚も自己愛と関係するんでしょうかね？

橋本　一見すると「過敏型」はナルシシストというイメージにはあわないかもしれません。しかしながら、批判されることに弱いとか、自分が愛されているのか気になるとか、その意味での傷つきやすさを抱えています。これはひきこもりの方の特徴ともおそらく重なります。一方よくあるナルシシストのイメージとあうのは「誇大型」だと思いますが、こちらは日本では少ないと言われています。人から称賛されることに固執する尊大なタイプですね。

杉本　なるほど。私が長くイメージしていたナルシシズムはいいイメージではなかったですけど、お話をうかがっているうちにコフートの自己愛は少し意味合いが違うかなと思えてきました。そこでコフートの「自己愛」とひきこもりとの関係とをつなげて教えていただければ……。

コフートの自己愛と他者

橋本　大きなテーマですね。私がコフートで好きなのは、自己愛と他者に対する愛情が並行して発達していくという考え方を提示した点です。それまで自己愛の段階にとどまっている人は未熟な状態にあるとネガティヴにとらえられていたのですが、それは実は大人になってもあるものなんだと彼は定義し直した。その点が良いなと思います。言い換えると自分を好きな気持ちとほかの人を好きになる気持ちが一緒にあってもいいじゃない、その二つはパラレルに発達するんだよ、っていうことですね。

杉本　なるほど。

橋本　コフートの考えを簡単に話すのは難しいのですが、自己愛と他者への愛情が並行して発達するという考えから、自己とも他者ともつかないような、「自己対象」という概念を発展させています。「自己」は自分の経験の総体で、「対象」はかかわりのある他者のことです。ですから「自己対象」というのは自分の中に取り込まれた他者のイメージであり両方の属性をもつもののことになります。自己愛パーソナリティを理解する場合、自分と他者との区別はいちおうついているのですが、他者を利用するにせよ、他者から批判されるにせよ、自己イメージが影響されやすく、揺らぎやすい、そういう心理があると了解することが大切になります。自己への愛と、対象への愛が交錯しやすいと言ったら良いでしょうか。たとえば私たちもよく「あなたのために……してやっているんだ」っていう思考をしますよね。でも、このときの「あなた」って本当に相手のことなんでしょうか？　時によっては自分にとって都合の良い相手のあり方を前提にしているのではないでしょうか？

杉本　あ、なるほど。それは非常に深い考察ですね。親子関係では特によく起こりそうな体験ですよね。

橋本　自分で自分に都合のいいイメージを作ってしまう。その期待が満たされないために一方的に怒ったり。まあ、恋愛しているときには多かれ少なかれそういう傾向はありますが、そういう意味では「自己対象」という体験も特別なことではありません。

杉本　なるほど……。

橋本　これらの自己対象体験のどこかにうまくいっていないことがあると、自己愛的な防衛を発展させてしまいます。自分の良いところを鏡のように照らし返してくれないと、「どうせわかってもらえないんだ」と自分の世界にひきこもってしまう。あるいは尊敬でき、モデルとなる相手とめぐりあえないと、生きていく道筋が見いだせないとか。いくつかの類型がありますね。

共感的なアプローチの大切さ

杉本　なるほど。それはよくわかる気がしますね。そのような人に対して、どのようなアプローチをされますか？

橋本　ひきこもりの方に限らず「共感」の姿勢がまず大切だと思います。偏見なく正確に自分のことを理解してくれる、長所を見つけてくれる、この人のやり方から学ぶところがあるという体験が、ひきこもり当事者の方にもたらされるようなアプローチが大切だと思います。

杉本　ひきこもりの人たちに対してもそのような姿勢が大切だということですね。

橋本　そうです。ひきこもりの方の感じ方を大切にしてあげたいですね。カウンセリングの中でさらなる傷つきをしてしまったら大変ですものね。

杉本　コフートは精神分析から出発しているようですが、一般に精神分析ではクライエントとの距離感を大切にしているとも思うのですけれども、コフートはそのあたりの問題をどうとらえたのでしょうか？

橋本　鋭いですね。「中立性」の問題ですね。

杉本　やはり「共感」というとロジャーズ、というイメージなのですが、そのロジャーズは精神分析を批判していたとか？

橋本　コフートは共感について「情報収集の手段である」という表現をしていて、これをロジャーズから共感をはき違えていると批判されました。逆に精神分析からは中立的ではないとか、対象に巻き込まれていると批判をされたのだと思います。だから同情や同調ではない真の共感というのは、言うは易く、行うは難しなのだと思います。私の感覚では、私の師であるフィン先生[8]が言う「相手の靴の中に入る」っていう比喩がぴったりきますけどね。

杉本　なるほど。西洋的で深い比喩ですね。先ほどの話の流れで言えば、人との関係を作ることに神経質な人がこころを開いていちばんはじめに話すことって、おそらく自分にとっていちばん大切なことじゃないかと思うんですよ。

橋本　「この人に自分のことを話しても大丈夫だ」と信頼してもらうためには、聴く姿勢にもデリカシーが必要になりますね。以前、ひきこもりの方からこんなエピソードを教えてもらいました。

その方は対人恐怖が強くて人混みに出ていけなかったのですが、「人は家具だ」って思うようにしたら出ていけるようになったというんですよ。はじめ聞いたときはちんぷんかんぷんだったのですが、理由を聞くと「家具」というのはひきこもりの人にとっていつも目の前にある風景なんだっていうんです。目の前の風景は家具しかないけれど、囲まれていると守られている気がすると。だから街中でも、愛着のある家具が人混みにあると思うと安心できるんだっていうのです。なるほどなあ、この方はそんなふうに世界を体験しているんだなと想像し膝を打ちました。

そういうふうに、相手が感じている世界に入りこむ体験が「靴の中に入る」っていうことだと思うんです。日本語では「相手の身になる」と言いますよね。表現は違いますが、コフートもロジャーズも結局はほぼ近いことを大切にしていると思います。

「鏡映反応」の意味

杉本　いや、まさにそのようですね。ところで、心理テストの研究との関係でひきこもりの人の特徴って何かありそうですか？

橋本　自己への関心の集中については、ロールシャッハテストの「鏡映反応」と自己中心性指標に関する研究があります。ロールシャッハテストのカードは左右対称の図柄ですが、それを「鏡に映っている」とか「湖に反射している」と見る人がいるんです。私が大学生を対象にした調査では、日本人は四人に一人くらいで、ほかの国よりも多いようでした。ひきこもりにもそれが関係しているような気がします。鏡映反応については最近は解釈が変わってきていて、幼い頃から自分のことを自分でやらなければならない、自分で自分の面倒を見なければならないという点が自己愛と関係するんじゃないかと考えられるようになっています。

杉本　ああ、甘えてくることができなかったと……。

橋本　そうです。そういう特徴は、ひきこもりと関係するような気がしますね。

杉本　自己愛の問題は人に甘えられないゆえの側面もあるんだということですね。これは大きな気づきです。認識が新たになりました。

橋本　そういうふうに、人を信頼して頼ることをどこかであきらめてしまって、ひきこもっている……。もしかしたら期待の裏返しというところもあるかもしれませんが。私がここのところ感じているのは、彼らの両親との関係を聞くと、幼いときに離婚していたり、親が仕事で失敗して借金ができてしまったりして、それで誰をあてにしていいかわからなくなってしまった。自分で自分のこころの面倒を見なければならなかった。ひきこもりの一群の人たちの中にはこういうパターンもあるかな、とも思っています。

杉本　切ない話ですね……。ところで鏡で連想したのですが、私は未だに人混みの中で鏡を見るのが苦手ですね。家では何ともないのに、不思議ですね。対人恐怖症になった頃の残滓《ざんし》です。体験を思い出すと、中学生の頃、年末に地下街にあった大型書店に行ったときに、人混みが急につらくなって具合が悪くなった記憶があるんです。それって、ある瞬間に知らない事態がやってきた、という感じなんですね。今まで無意識だったものが急に不安として意識され、解釈ができない。おそらく思春期の神経症、対人恐怖ってまさに自分の身体との新しい不可解な出会いだったんだなって、今は思います。

橋本　なるほどね。私の場合、年を取るにしたがってもう鏡を見ないようになってきましたけれど（笑）。思春期って自己意識が発達する段階で、具合の悪い自分、ダメな自分ばかりを見るのはつらいですもんね。

治療的アセスメントについて

杉本　実際の臨床場面では、やはり心理検査の情報に基づいて人格を分析し、その結果にしたがってアプローチしていくという感じなんでしょうか？

橋本　そうですね。たしかに情報として活用していますが、私の場合は、ベースが人間性心理学ですから、心理アセスメントも共感のためのツールと考えています。

杉本　個人的な事情で恐縮ですが、私自身も二十数年前になりますが心理テストを受けたことがありまして、心理士の人と一緒に面接室で検査しました。当時その方とのやりとりはその場限りでしたが……。

橋本　なるほど。従来は一回きりの検査で終わることが多かったですね。でも近年では心理検査から得られた情報を、その人自身と一緒に共有していくことが重視されるようになってきています。

杉本　特にロールシャッハテストの研究を専門とされているとも聞いていますが、そもそもどのような関心からそういった研究をなさるようになったのですか？

橋本　私が心理検査に関心をもつようになったきっかけは、とても単純です。大学院の修士課程に入ったときに、先輩から精神科の病院で心理検査のアルバイトを引き継いだんですね。自分やほかの人のことを傷つけてしまわないように自由な出入りができないようにしてある閉鎖病棟を中心とした昔ながらの病院だったんですけれども、病棟で患者さんと交流して得られた理解と、そのときの印象とはまた違う結果が心理検査から得られたことが何回かあって、「いったいこれはどういうことなんだろう？」と関心が高まり、現在に至るというのが正直なところです。

杉本　心理検査を用いることでより深く相手のことを理解できるということですか？

橋本　そうです。そういった素朴な関心からはじまり、現在は、フィン先生の「治療的アセスメント」に関する研究を進めています。専門家が情報を収集するために心理検査を使用するという枠組みが従来のものであるとしたら、得られた理解をもとに話しあって、クライエント自身が対人関係について新たな考え方を学んだり、そこで学んだことを生活に活かせるようにするのが「治療的アセスメント」です。たとえば「自分はこんな傾向があるから、新しい場所に出ていくときには、こんなふうに工夫したら落ち着いて人と話せるだろう」とかですね。「自分自身についての新しい気づき」や「セラピストとの肯定的な関係」が重要という意味では、心理療法です。

手続きが明確な点も特徴です。さまざまなパーソナリティ検査や知能検査から、客観的なデータが提示されますが、その結果について「この人はソーシャルスキルに乏しい」とか「過度の知性化という防衛機制を多用する」などとラベリングするのではなく、「ではなぜ対人関係が苦手なんだろう？」「なぜいつも受け身的になってしまうのだろうか？」という問いを立て、クライエントの実感に沿って話しあう手続きが含まれています。クライエントの主訴と重なる場合が多いのですが、それらの問いを明らかにするためにさまざまな心理検査を使い、その結果について深く話しあい、最終的にはその話しあいのまとめを文書としてお渡しするという新しい試みです。これが短期療法としての「治療的アセスメント」です。

中年期のひきこもり

杉本　ありがとうございます。最後になりますが、最近話題になっている中年期のひきこもりについてのお考えをお聞かせいただけるとありがたいのですが。まぁ、結局、私自身の問題なんですけれども（笑）。

橋本　ここまで杉本さんと一緒にひきこもるこころの理解を進めてきたわけですが、一方で、ひきこもりが社会とかかわる際の問題であるとするならば、うまくかかわれなかった傷つきから、それでもかかわりの意欲をもてるような方向への試行錯誤が必要だと思います。その結果が経済活動や生活を支えることにつながったらいいですよね。私は社会学者ではありませんし、社会問題にコメントするのも得意ではないのですが、当事者と何かをつなぐような新しい展開が必要な気がしています。そして、そのためには物質的・心理的な場所が必要だと思います。ほかの方からも「杉本さんにインタビューで話を聞いてもらえてすっきりした」と聞いているんですよ。ですから杉本さんたちの活動によって当事者の中に人を支え、人を癒す力が育まれていると思います。後はそれを信じて、どう活かすかだと考えます。

1 **ロールシャッハテスト** スイスの精神科医ヘルマン・ロールシャッハによって一九二八年に考案された性格検査。被験者に紙の上にインクを落として作成した図版を見せ、どのように見えるのかを述べてもらい、その内容を分析する。

2 **村山正治**（むらやま しょうじ 一九三四〜） 臨床心理学者。ロジャーズの来談者中心療法の紹介と、そこから発展したフォーカシング（Focusing）の理論と技法について研究した。また、スクールカウンセラー事業の発展にも貢献した。

3 **野島一彦**（のじま かずひこ 一九四七〜） 臨床心理学者。エンカウンター・グループについての研究で有名。また、日本心理臨床学会理事長として心理職の国家資格化に尽力した。

4 **人間性心理学** 人間の潜在能力と自己成長能力を重視する心理学の潮流。提唱者のアブラハム・マズローは人間性心理学を、精神分析、行動主義に対抗する第三の勢力として位置づけた。

5 **カール・ロジャーズ**（Carl Ransom Rogers 一九〇二〜一九八七） 臨床心理学者。来談者中心療法を創始した。

6 **ユージン・ジェンドリン**（Eugene T. Gendlin　一九二六～）　臨床心理学者。カール・ロジャーズのもとでカウンセリングを学び、その実践経験から独自の体験過程（Experiencing）理論を提唱し、フォーカシング技法を提唱した。

7 グレン・オーウェンズ・ギャバード「B群人格障害：自己愛性」『精神力動的精神医学(3)【臨床編：Ⅱ軸障害】――その臨床実践』岩崎学術出版社、八三～一一六頁（一九九七年）。

8 **ステファン・E・フィン**（Stephen E. Finn　一九五六～）　臨床心理学者。The Center for Therapeutic Assessment の創設者であり、テキサス大学で教鞭を執る。治療的アセスメントの理論と技法に関する論文や著書多数。翻訳書は『MMPIで学ぶ心理査定フィードバック面接マニュアル』（金剛出版、二〇〇七）。

第六章　モノローグからダイアローグへ

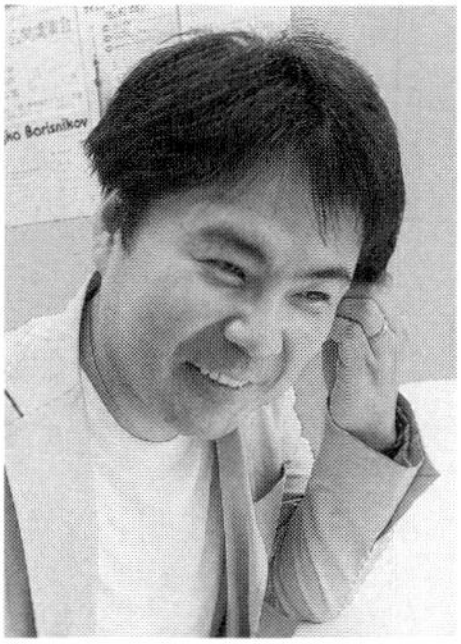

村澤和多里

Murasawa Watari

札幌学院大学准教授。

青年期モラトリアム問題や対人恐怖症治療に精通する。

若者サポートステーションでひきこもりがちな若者の心理相談やグループワークを手がけてきた。臨床心理士。

モラトリアム研究からひきこもり研究へ

杉本　まず、ひきこもり支援についてかかわるようになったきっかけをお話しくださいますか？

村澤　私の研究の出発点は青年期のモラトリアム研究でした。大学のときに私自身が留年したりして進路を決められなかったので、卒業論文で他の人たちがどうやってモラトリアムから抜け出していくのだろう、と留年した学生を対象に調査をしたというのが研究の出発点です。その流れの中で青年心理というものを専門に研究するようになって、卒業して病院勤務する中でも若者のカウンセリングというのが多かったんですね。男性の対人恐怖の人とか、ひきこもりの男性とはわりと波長があいましたし。

モラトリアム問題とか対人恐怖の問題とかいうと、この延長線上にひきこもりの問題があるので、自然とひきこもりの問題に研究がシフトしていったということもあります。で、私が大学院にいた頃に斎藤環[1]の『社会的ひきこもり』（ＰＨＰ新書）という本が出て、自分の研究分野というのはひきこもりの問題なんだというふうに自覚していったという感じがあります。

そのあとその問題が就労問題にシフトしていき、「ニート」という問題が出てきたのが、二〇〇三年頃。それへの就労支援策として若者サポートステーションとかジョブカフェとか若者自立塾[2]とか出てくるのが二〇〇四年から二〇〇五年にかけてなのですが、私もそのあたりで研究として一度足踏みしてたのですけれども、足踏みしている中で若者サポートステーションにかかわることになって、就労の問題ですとか、社会的排除の問題と絡めてひきこもりの問題をとらえていく。そういうふうに自分の視点が変わってきたかなと思います。

杉本　では、大枠で考えると、非常にざっくりとした言い方ですが、深層心理的な問題から社会的問題のほうに意識が変わったと考えてよろしいのでしょうか。

村澤　そうですね。私、学生の頃ミシェル・フーコー[3]なんか読んでましたので、深層心理的な問題を社会的な問題と絡めて考えたいというのはありましたね。対人恐怖症に注目したのもそれが日本人に特有と言われていて、時代によって症状が変遷するというところに地域性と時代性が現れているのではないかという問題意識もありました。でも、はじめは「こころと文化」みたいな枠組みで考えていたのですけれども、実際にひきこもり支援にかかわるようになって、明確に社会問題として考えていく姿勢へと自分の中で変わってきました。今は社会構造との関係でひきこもりをとらえるようになってきています。

　ただ、社会学とか社会政策の枠組みで考えている社会的排除の問題とかひきこもりの問題というものは、こころのことをあまり取り扱わない。ひきこもりの人たちが非常に独特の自罰感をもっているというのでしょうかね。社会からはじき出されるという側面と、自分から退いていくという側面もあって、社会学的な枠組みでは自分から退いていくということについて分析できていないというか、とらえられていない部分があると思ったんです。

　逆に心理学のほうでは、個人の問題としてとらえて、社会の側、社会的排除の問題とはつながらない。ということで心理学独自の見方と、社会学独自の見方がバラバラに発展して、それぞれ合理的な説明はあるけれどもつながらないというものがあって、ここをどうつなぐのか？　というのが自分の研究課題だと思っています。

杉本　ひきこもりの問題というのは心理学でいえば個人の問題になるし、社会学では可視化されない人になる。そのために何かエアポケットの中にある。制度的にも、学問的にも。そこに着目してひきこもりの人たちをどう考えるのかという視点で見てくれるのはとてもありがたい気がします。

「こころの故郷」を作る

村澤　実際にひきこもりの人たちとかかわっていく中で個人カウンセリングだけやっていても仕様がないと思い、もう少しグループとか居場所がないとだめだろうと思って拡げていったというのがあります。精神分析とか認知行動療法も含めて心理療法は一般的に、個人の中に欠陥を認めて、ここがだめだから治しましょうという方向に行っちゃうと思うんですね。社会的な問題を個人のレベルで解決しようとするというか。

杉本　個別カウンセリングで延々とやっていくというのは本人にとって社会参加が遅くなってしまう、ということでしょうか？　あるいは、やっぱり個別カウンセリングだけでは難しいということでしょうか？

村澤　そういった個別のカウンセリングも有効ですが、カウンセリングしている中で安心感が得られたとしてもいきなり仕事というところには行けないので、このあいだをつなぐ中間的なところってやっぱり絶対に必要だと思うんですよね。しかしこの中間的な部分が社会に出るためのトレーニングみたいなものになっちゃうと逆にそこで傷ついて、自信をなくして、また逆戻りしてしまう。できない自分を強く意識しやすい状態に陥って、結局またひきこもってしまう。けっこう多くのひきこもりの居場所とか、若者自立支援の中間支援というのは、社会性のトレーニングをして早く出そうとするので、あせらされる部分も大きいと思うんですよね。本来、基本的な安心を得られる居場所。ひきこもっていようがなかろうが、居るだけで存在を認められる場所であることが必要だと考えます。

杉本　ひきこもりの人の支援を考えた場合には、まず安心できる居場所あったほうがよい、というお考えですか？

村澤　そうですね。ひきこもっている人たちって中学生の頃の友人関係とか、高校とか大学で深い友人関係がなかなか作れなかったり、居場所とかそういうところでつながりがもてても自分の過去を隠したいというか、触れられたくないところがあると思うんです。そのために深く立ち入った関係というものを作れなくなっているところがある。でも人間として自立していく中では他人とどこかで深い関係を作れることが必要なんだと思います。その経験が自立した後でもどこかで自分の気持ちをわかってくれる人がいるという私が「こころの故郷」と呼んでいるものになっていくものですけれども、ひきこもりの人たちってそういう関係を作るチャンスを逸してしまったところがあると思うので、それをどこかで保障していく場所を作り出すことが必要だと思うんですね。

トレーニング重視のプログラムだとそうはならなくて、居場所というよりも早く出ていかなければならない。居場所を提供しつつ「ここは本来の居場所ではないのだから、できるだけ早く出ていってほしい」と考えてしまうのはダブルバインド（矛盾する命令に拘束されること）ですよね。

リスクにおびえる若者たち

杉本　よく聞く話では、ひきこもっている人のご両親は子どものためにサポートしてくれる機関や施設、居場所などに足を運ぶのですが、どうも当事者であるご本人が出てこないと。それともうひとつは、これだけひきこもりの問題が長く語られると、今のひきこもりの人たちと私のような問題が発見された最初の世代とのあいだになんらかの質的な違いがあるのかどうか。世代や環境の変化による特有の心理的傾向の変化とか、そういうものはあるのでしょうかね？

村澤　そうですね。たしかに若者たちの性質も大きく変わってきていると思いますね。特にバブルが崩壊した後、一九九〇年代後半くらいから就職できない不安というのが強くなってきていますし、自己責任という考え方が強くなってきていると感じます。ぼやぼやしていたら就職できないぞという感じが強まってきているので、若者の中に楽観主義というものがなくなってきていますね。つまり学生たちも何か資格をとっていないと不安だとか、授業にも真面目に出すぎて時間がなくなっている。

杉本　私たち世代の感覚でいくと是非はおいて、大学は完全にモラトリアムのための機関のイメージが共通認識だったと思うのですが、明らかに今は違うみたいですね。

村澤　八〇年代とか九〇年代前半頃までは「まあなんとか就職できるだろう」くらいだったので、あんまり不安に思わなかったじゃないですか。私などもむしろ「社会に出なきゃいけない」という不安がすごくあったんですけど、今はそうではなくて「社会に出られるのだろうか？」という不安なんですね。

杉本　たしかに就職活動などへの強迫観念がすごく強まっていると思うのですよ。マスコミも結果論かもしれませんが、そのような不安に拍車をかけている気がします。

村澤　そうです。マスコミとか世の中の言説がすごく劣等感を植えつけようとしていますね。あと、今の若者は非常に真面目なんですけど、何か自分の内面に向かいあう時間も余裕もないまま外面的な適応を迫られている感じがあります。ありのままの自分では労働者としての商品価値がないから、せめて付加価値をつけなきゃとか、表面は取り繕わなきゃと思っているのかもしれません。

杉本　自分はだめだと思い込まされているということでしょうか？

村澤　そうです。「自分はだめだ」という劣等感を若者たちはすごく負わされているなと感じています。ある種の負の烙印（スティグマ）[4]ですね。自分の中に隠さなくてはいけない属性とか、あってはならない属性があると感じているので、それが露呈しないように隠そうとする。そういう面ではひきこもりの人の心性と共通していると思います。ひきこもりの人もいろんな部分でだめだって思い込んでますけど、その構造というのはひきこもりだけでなくて若者全体を覆っている構造かな、というふうに思いますね。

杉本　なるほど。しかしなんでまたこんなふうになってきたんですかね。

村澤　いろいろ要因は考えられますが、基本的には新自由主義の進行が関係していると思いますね。能力に応じてチャンスが配分されるわけですが、多くの若者は自己責任で選択を迫られることを、チャンスというよりもリスクと感じています。自分の中に失敗するリスク要因を一生懸命見いだしてしまうのですね。

杉本　そういうことなんですね。自由な選択が不安材料になるというのは何とも逆説的な気がします。

再帰性とひきこもり

村澤　現代はめまぐるしく世の中の状況が変化していますから、どういう選択が正しいのか誰にもわからなくなっています。そんな中で能力主義と自己責任の考え方が浸透していくと、過剰に臆病になっていくんですね。ひきこもりが二〇〇〇年前後に急激に問題化した背景には、社会の流動性が急速に進展したことと、同時に自己責任論が横行しはじめたということが関係していると思っています。

杉本　そういえば、イラクで人質になった日本人について自己責任を問う論調などが目立ちはじめたのはその頃ですね。

村澤　そうですね。何か失敗したら自分で責任をとらなければならない。当然、自己保身的な考え方になりますよね。流動化した社会の中で、その局面ごとに、今かかえているリスクを計算しながら目標を定め直していかないとならなくなっている。社会学者のギデンズ[5]は、このような過剰に内省的になっていく人びとのありようを「再帰性」という概念でとらえています。

杉本　「再帰性」というのはどういうことですか？

村澤　「再帰性」というのは、とりあえず、あらかじめ目標を定めて生きていくのではなく、その局面ごとに、これまで生きてきた結果と、今おかれている状況を考慮しながら、再度目標を定め直すような生き方という感じで理解していただいていいでしょう。価値観が多様化、流動化していく中で、生きていく上でのリスクを減らすために、私たちは常に自分と周囲についてモニターしていなければならなくなったというんです。

杉本　「再帰性」とひきこもりが関係しているということですか。

村澤　ひきこもりの人について、心理学では強迫性パーソナリティとか自己愛パーソナリティとかと関連づけて説明されることがあるのですが、このようなパーソナリティの傾向は、「再帰性」という概念を使うと社会状況と関連づけてとらえられるように思います。強迫性にしても自己愛にしても、非常に自己責任論的な防衛スタイルととらえることができますから。

杉本　なるほど。ここは重要な点かと思いますので、それぞれのパーソナリティについてもう少し説明していただけますか。

強迫性と自己愛について

村澤　強迫性パーソナリティというのは、キチンとしていないと気が済まないとか、融通がきかないような性質のことなんですが、ひきこもりの人もこのような性質の人が多いと言われています。あるいは、わからないことがあると不安で果てしなく情報を集めることに腐心したり、誰かの言ったことを何度も何度も確認しないと気が済まないなどということもあります。でも、いくらそういった確かめ行為をしても、結局は不安が残り、納得できないので終わりがないいんですね。

杉本 そういう感覚は身に覚えがありますね。不安だからキチンとしたい、でもキチンとしようと思えば不安になる。

村澤 ニワトリと卵のような関係ですね。流動化した社会状況の中で、もともと不安を抱えやすい人の場合、それが煽られて増幅していってしまいますし、そうなってしまうと身動きが取れなくなっていくのですが、そこから抜け出そうという努力がまた強迫性を強化する結果になってしまうわけです。情報が不足していることに不安を感じている人が情報を集めれば集めるほど、新たな不安が生まれてきて、さらに情報を集める……といった具合です。

杉本 泥沼化してしまうわけですね。

村澤 まさに再帰的と言えるでしょう。

杉本 先ほど、自己愛とも関係するとおっしゃいましたが、それはどういうことですか?

村澤 リスクや不安をコントロールしようとすると、自分自身に過剰に関心を注ぐことになります。また、他者との接触は新たな不確定要素を生み出しますから、次第に孤立することを選ぶようになっていきます。いわゆる自己陶酔的なナルシシストというイメージとは異なりますが、自分のことばかり気にして、他者に関心を払わないという意味で自己愛的になるわけです。

どちらのパーソナリティにしても、自分の身は自分で守るという姿勢は、ある意味で、自己責任論を徹底的に推し進めた結果とも言えますので、本当に現代的なあり方だと思いますね。特にひきこもりの人の場合、この傾向が極端に現れている感じがします。誰にも相談しないで、自分ひとりで困難を解決しようとしているのですが、それが傍から見ると、強迫的・自己愛的というふうに見える。人に頼ってはいけないとか、頼ったら負けだとか、そもそも人に相談するという選択肢のない人もいますが、自分の中に閉じていってしまう。

モノローグからダイアローグへ

杉本　この自分の中に閉じた状態から抜け出すにはどうしたらいいいんでしょうか?

村澤　なかなか独力では難しいのではないかと思っています。自分で抜け出そうとすると、また再帰性の罠に陥って、悪循環にはまりこんでしまいますから。自分の中にだめな部分を見つけてそれを解決していくといったパターンは際限のないものになってしまいます。ひとつ解決しても新たに課題を見いだしたり。また、努力した結果を否定されることを恐れて人づきあいを避けるようになったり。自分はこれでいいのかどうかという自問自答の世界に閉じ込められていくんですね。

杉本　私自身はある程度は自分の世界にこもることも大切ではないかと思うのですが。

村澤　それはそうですね。自分の感性を温めたり、自分の気持ちを確かめたりする時間は大切だと思います。私はそのような時間を「モラトリアム」と呼んでいるのですが、そこで得たものを分かちあう機会がない場合、いつまでも終わることができなくなってしまう。

杉本　では、具体的にはどうやったら終わるのでしょう？

村澤　私は「ダイアローグ」が鍵だと思っています。先ほど、自問自答に陥ると言いましたが、自分に閉じた対話は「モノローグ」でしかないですよね。そうではなくて、他の人に自分の話をしてみようという試みがダイアローグです。

杉本　しかし、ひきこもりの人たちって他者との接触は苦手なんですよね。ダイアローグしようと思っていたら、ひきこもりとは言えないというか……。こうやってインタビューしている私が言うのも変ですが（笑）。

村澤　ダイアローグとか言うと大げさに聞こえますが、少しでも他者を意識するということが大切だと思います。ある男性は、毎晩お酒を飲みながら過去の嫌な出来事を思い出していたというのですが、ひきこもりの人の集まりに出てからはテレビを見ながらお酒を飲んで、「このネタをメンバーに話してみよう」と考えるようになったといいます。ささいなことに思えますが、これだけで楽しくお酒が飲めるようになったというのですから、この人にとっては決定的な変化だったわけです。

杉本　実際に対面して話をするということだけではなくて、会っていないときに相手のことを考えているということもダイアローグだということですね。

村澤　この人の場合、テレビを見るという行為の意味が、自分だけのための楽しみから、具体的な誰かに喜んでもらうネタを探すという行為に変わったわけです。そうやってダイアローグに開かれていくことが、過剰にコントロールされた世界へ閉じこもっていくモノローグを打ち破るのだと思います。

再帰性からの解放

杉本　誰かに何かを伝えようという思いが何かを変えるということですね。

村澤　そうですね。他者と気もちを分かちあおうと思える機会ができることはとても大切だと思いますね。それから、自問自答の世界の中では、自分自身を否定しつづけていますから、その傷から回復していくことも重要だと感じています。

杉本　連帯をつくっていくというようなイメージでしょうか。

村澤　政治的な意味あいはあまり意識していないですが、現代社会は孤立化を称揚して、連帯を切断していく方向に進んでいますから、ばらばらになった人たちをもう一度結び直すというのはありますね。ノスタルジックな言い方ですがさきほど言ったように、「こころの故郷」を作ることが必要だと思います。

杉本　過剰に自分で背負ってしまっているというのが問題なんですね。

村澤　一番まずいと思うのは、「ひきこもりだから」ということで、自分の活動の幅をすごく狭めてしまっている人が多いことです。別にひきこもっているからって、楽しいことをやってはいけないという理由はないですよね。でも、世の中にはまだ「仕事もしてないくせに」と責めるような風潮があり、いやむしろ、ますます強くなってきている。これは権利を剥奪するような言説ですよね。「働かざるもの食うべからず」という自己責任的な考え方によって、ひきこもっている人自身も支配されているわけです。

杉本　誰も言わないのに、自分で自分にそう言い聞かせたりして。

村澤　仕事をしていなくたって、忘年会をしたいとか、カラオケに行きたいとか、恋人が欲しいとかいろいろあるじゃないですか？　そういう活動の幅を拡げたり、好きなことをやるきっかけになるような場所というのが必要かなと。私はどんな人にもそれぞれの個性があると思うのですけれども、「ひきこもりだから」ということにとらわれていると自分の個性を見いだせなくなってしまう。それぞれの個性をひき出していくためにも、「ひきこもり」という自己規定から解き放たれて自由にふるまえる環境が必要だと思います。

杉本　でも、そういう居場所を体験できたら、もはや「ひきこもり」とは言えないかも？

村澤　そうですね。仲間と一緒にそういう場を作っていくなかで、一人ひとりの個性が光っていくと思うのです。そうやって「ひきこもり」という問題が解体されていく。そのようなことをめざした支援をしていきたいですね。

1　**斎藤 環**（さいとう たまき　一九六一～）　精神科医、評論家。専門は思春期・青年期の精神病理学、病跡学。筑波大学医学医療系社会精神保健学教授。著書多数。主著に『社会的ひきこもり――終わらない思春期』(PHP新書、一九九八年)。

2　**若者自立塾**　正式名は若者職業的自立支援推進事業。厚生労働省からの委託事業で、仕事や求職活動の実績がない若者の社会参加を促進することを目的に、二〇〇五年から開始されたが、二〇〇九年の事業仕分け(行政刷新会議)において「廃止すべき」という結論が出され、二〇一〇年には実質的に廃止された。

3　**ミシェル・フーコー**　(Michel Foucault　一九二六〜一九八四)　フランスの社会哲学者。「知」と「権力」との関係について思索した。「真理」を形成する「知」の体系は、社会に遍在する権力の構造の中で形成されてきたものであると考え、それがどのようにして発生し、展開してきたか明らかにした。

4　**スティグマ**　他者や社会集団によって個人に押しつけられた負の表象・烙印。いわゆるネガティヴな意味のレッテル。
　もともとは、奴隷や犯罪者であることを示す刺青などの肉体的刻印のことを指す言葉。現在流通している用法は社会学者ゴフマンが提示したもので、社会から期待される役割や属性に反するような属性をもつものが体験する、社会的・心理的排除。

5　**アンソニー・ギデンズ**　(Anthony Giddens　一九三八〜)　構造化理論、再帰的近代化論で知られている、イギリスの社会学者。ブレア政権のブレインを務め、「第三の道」路線を提唱した。

第 3 部

発達障害とひきこもり

第七章　オーダーメイドの支援

二通　諭

NITSU Satoshi

札幌学院大学教授。

小・中学校教員として，発達障害の生徒の特別支援教育に長く携わる。現在は特別支援教育を牽引する第一人者。映画を題材に発達障害についてわかりやすく解説するなど啓発活動も行っている。

学習障害とＡＤＨＤ

杉本　最近、ひきこもりの原因に発達障害[1]があると論じられることが増えていると思いますが、どのように思われますか？

二通　そうですね。私の場合特別支援教育の教師をしていましたので、発達障害を背景にした不適応の子を見てきましたね。そういった子たちがひきこもりになっていく例は残念ながら多いようです。

杉本　私自身、正直なところ発達障害の理解が浅いんです。そこでまず、ご専門である先生に発達障害とはどのようなものなのかを教えていただきたいのですが。

二通　一般的に学校教育において発達障害としてまとめられているのは、学習障害（ＬＤ）、注意欠陥多動性障害（ＡＤＨＤ）、自閉症スペクトラム障害ですね。この三つを主要な発達障害としておさえ、特別な支援、すなわち適切な理解のもとに必要な配慮や対応をしていくべく努力を重ねているところです。

杉本　そういう障害はどのように不適応につながっていくのですか？

二通　たとえば、学習障害の人たちは、字の読み書きや計算力など、どこか部分的な不具合が生じています。普通に会話ができても文字の読み取りが困難であったり、時計の読み取りができなかったり、簡単な計算ができなかったりします。このような困難性を放置したままだと、自分のできなさの正体が摑めず、困惑の日々を送ることになりましょう。また親も「努力が足りない」「やる気がない」など否定的な言葉を浴びせがちになります。誤解に基づく説教や叱責に対し、本人は一定の防衛体制を築きます。たとえば「無気力」や不登校、他の問題行動によって課題に向きあうことをはぐらかしていきます。それが二次障害です。二次障害は主に周囲の無理解や不適切な対応によって生じるものです。

杉本　なるほど、単に学習が困難であるという問題だけではなくなっていくのですね。

二通　そうなんです。次に注意欠陥他動性障害（ＡＤＨＤ）の人たちですが、衝動性が強く、落ち着きなく動き回ったりします。それから、注意散漫でミスが多かったりします。でも、外交的で行動的ですし、アイデアも豊かだったりする人も多いですから、うまく社会で活躍している人も多いですね。芸能人とかスポーツマンとか政治家とかジャーナリストとか、それから、対人援助の仕事、学校の先生などにも多いような気がします。ＡＤＨＤの人たちはあまり神経質ではなく、多少おっちょこちょいで失敗も目立つので「なごみ系」の愛されキャラが立つ場合もあります。車寅次郎こと寅さんを見ればわかるように周囲から愛されていますね。

ただ、失敗が顕著に多い人はやはり職場適応に困難が生じ、二次障害などでうつなどの症状を呈することもあります。児童期のＡＤＨＤも多くは改善されますが、周囲の無理解と不適切な対応が続くと行為障害へと移行する場合がありますので、適切な配慮が必要でしょう。

高機能自閉症とアスペルガー症候群

杉本　ありがとうございます。それでは次に「自閉症スペクトラム」と呼ばれるタイプの人たちについてご説明いただけますか？

二通　そうですね。「自閉症スペクトラム障害」という呼び方は比較的に新しいもので、少し前まで「自閉症」「高機能自閉症」「アスペルガー症候群」と呼ばれていた人たちは、このスペクトラムの連続体の中に位置づけられます。（発達障害の中で）適応の困難性においてはこれらの人たちがいちばん大変なのだと思います。これは社会性の障害が主の障害になりますので。人間関係のつまずきを引き起こしやすいわけです。

杉本　社会性の障害ですか。

二通　簡単に言えば相手のこころを推測することと、場にふさわしいふるまい方を構築することの困難性です。暗黙の掟の了解とか、言葉の真の意味を読み取ることが苦手だったりするために、周囲から常識がない人だとか、人の気持ちが理解できない人だといった誤解を受けることがあります。相手の気持ちが読み取れず、気にしていることを指摘したりしてしまう。同僚の女性で「顔のしわ多いね」と言われてショックを受けた方もいました。子どもどうしならそれがいじめの材料にされてしまうこともある。

杉本　笑い話にも聞こえますが、当人たちは大真面目なんですね。

二通　そうですね。それから、嘘を言えないということにかかわってくるのですが、言葉を文字どおりとらえてしまうというのもあります。

たとえばある小学校の話ですが、学校のドアに「開けたら閉める」と書いてあった。つまり開けっ放しにするなという注意書きが貼られていたのです。そのドアから何人かの子たちが続けてたくさん入ってきたので、A君というこころ配りのできる子がドアのノブを持って人が入ってこられるように開けていた。それは礼儀作法としてまったく正しいですね。でもB君という自閉症スペクトラムの子が「開けたら閉める」と書いてあるのに、お前は閉めないでずっと開けっ放しにしていた。これは絶対許せない、ということでつかみかかっていったのです。自分はルールどおりにやって、学校の決まりどおりにやっている。それがわからないA君は絶対におかしいと思ったのです。だから遵法精神みたいなものはしっかりもっているのですけれど、それは時と場合によるよ、ということを経験的に学んでいく必要があるのです。

杉本　先ほど二次障害に関するお話がありましたけれども、自閉症スペクトラムの方の二次障害にはどのようなものがあるのですか？

二通　いろいろありますね。自分ではうまくやっているつもりなのに、笑われたり、仲間に入れてもらえなかったりするので、たいていの子は自尊心が傷つけられています。それから、特有の身体感覚をもっていることで周囲に理解してもらえず思わぬ事態に至ることもあります。また、感覚過敏などを有している場合もあります。ちょっとした音が耳障りだとか、蛍光灯の光が嫌だとか、あるいは太陽の光がまぶしすぎて嫌だとか、あるいは白いご飯やミルクがまぶしくて苦手ですとかね。

聴覚過敏の例になりますが、クラスに私語の多い子がいて、注意しても止まらないのが、自閉症スペクトラムの強い子にとっては耳障りで耐えられない。だから気持ちを抑えられずその子に殴りかかったりする。それでも止まらなかったら自分が教室を出ていく。結局、保健室登校になったりするのですが、保健室登校でうまくいかないことがあると不登校になるという例もありましたね。ですから最初攻撃していたのだけど、攻撃がうまくいかなくなると今度は攻撃から回避のほうに向かう。防衛から不登校というまさに二次障害です。ですからもともとの正体は感覚過敏からきているんですね。

あと、人の気持ちを読み取れない、言葉を字義どおりに受けとめてしまう点で言えば、クラスにもいろんな子がいますから、そういう子に利用されるわけですね。つまり利用しやすい、操作しやすいと思われて難題を突きつけてきたり、いろんな命令を出されることがあります。

杉本　いじめですね。

二通　そうですね。いじめとか、パシリですね。それはそれで従っているんだけど、だんだん耐え切れなくなる。「トイレに行くな」とか、授業が始まっても「教室に入ってくるな」とか無理難題を言われる。どうしても言葉を額面どおりに受けとめてしまいますから、そうしなければいけない。でもそれをやったら先生にも怒られるし、「困った困った」と。自分でもどうしたらよいかわからない。学校は絶対に行かなければならないと思っているけれど、身体が動かなくなって不登校に至るというケースもあります。

発達障害の基準を満たさない子の困難

杉本　なるほどそういうことがあるのですね。いま、話をうかがっていて、おそらく不登校の話として考えますと、障害をもつご本人の問題というより集団の中で孤立せざるを得ない状況に追い込まれるということではないかな、と。あるいは環境がその子にとって見あったものになっていないのではないか。先生たちにも発達障害の子に対する認識は広がっていると思うのですが、学校の仲間に理解が足りなくて、障害をもつお子さんがつらくて学校に行けなくなるのかな？と思ったのですけれども。

二通　印象の域を出ませんが、不登校になりやすいタイプのひとつとして考えられるのは微妙に発達障害傾向がある人ではないかと。いわば「特定不能のタイプ」とでも言ったらよいでしょうか。発達障害の判断基準をすべて満たしているわけではない子たちは自分で自分の正体を認知することが困難ですし、周囲もその正体を見きわめづらい。常々「普通」またはそれ以上を期待され、自分も「そうだ」と思うのだけどなぜかうまくいかない。周りとのコミュニケーションにおいても軋轢《あつれき》が生じやすい。このようなうまくいかないということの積み重ねがその場に行くことを回避させるのではないでしょうか。さらに人混みが嫌だとか人の視線が気になるなど過敏さに由来する問題も加わります。

杉本　はっきりとした発達障害なんだという理解が相互にあればよいのでしょうが、本人も周りも気づきにくいお子さんが適応することが難しいと考えていいのでしょうか。

二通　そのようなタイプの子が不登校になりやすいのかな、という気がいたします。支援をうまく活用できる子は元気にやっていけることが多い、というのが私の実感です。

ちょっと角度を変えますが、特別支援学級や特別支援校のような学校でも最近不登校が増えているという話を聞いています。やはり、集団が苦手であるとか、騒々しい場所が苦手といった子どもたちがいるわけです。特別支援教育に関する専門の知識や経験を有している先生がいる場でもうまく適応できない子たちがいるわけですね。

杉本　どうでしょう？　そういったお子さんたちのその後って、どのように認識していらっしゃいますか？

二通　学校に行けなくなったけれども、教育委員会主導の通級指導教室[2]ですとか、経済的余裕があればフリースクールとか、そこが居場所になってその後のステップを踏んでいるという子はいますよ。学校には行けなくなったんだけれども学校外の資源がけっこうありますから、それを活用することで次のステップに進んでいる子はいます。私の大学にも不登校を経験した学生がいますが、多様な社会資源、教育資源を活用しています。逆にいまは不登校イコールその後の進路が絶たれるという時代ではないので。不登校になったからといって未来が暗いわけではない。不登校になることで自分の身を守るというのは肯定的な判断として成り立つはずです。

三つのキーワードと居場所

杉本　まったくおっしゃるとおりですね。集団クラスの中に適応できないことがイコール不適応というわけではないと思います。ただ、しつこいようで申し訳ないですけれど、フリースクールを利用したり、通信制などは家で勉強できますから自分のペースで勉強し、大学に行けるとします。で、私自身の経験から考えても、大学は大学でまた集団がありますし、同時にきわめて自由な空間だと思いますので、そこでつまずいちゃったりするということはないのでしょうか？

二通　いや、大学でもつまずきますよ。大学で不登校になる子は当然います。だから大学できちんと自分のテーマを見つけられればよいのだけれども、見つけられない場合、自分は何のために勉強しているのかとか、自分はどういう勉強をしたらよいのかとか、いわば方向を見つけられないと、ネガティヴな思考にはまってしまいます。みずから見通しを立てにくい子の場合はオーダーメイドの支援が必要です。乱暴な言い方で申し訳ありませんが、そうしないと簡単につぶれてしまいますよ。つぶれる前に支援です。

杉本　そうですか。いまは大学でもそういう流れになっているんですかね？　そういう人たちのために。

二通　私なんかがやっていることは完全にそうですね。

杉本　個別の対応がどうしても必要になってくるということですね。うまい言い方ではないのですが、やはり放置してはいけないというか、目をかけていかないとちょっと可哀相なことになってしまうということでしょうか。

二通　そう。キーワードは三つなんですよね。ひとつは基本的な安心感・安全感が確保されているということ。次にそれとかぶるのですが、基本的安心感・安全感が担保された自分の居場所が確保されていること。そして三つ目が自己肯定感。自分を肯定できる場面というのがちゃんと作られているかどうか。そういうエピソード、記憶も含めてですけれどね。この三要件が確保されていればまずはいいかな、と思いますね。

したがって家庭のほかにそういう基本的安心感・安全感を担保された場所があって、そこで自己肯定感というものが養えるような経験なり体験なりエピソードなりを作っていけるような仕かけ。そういうものがあるかどうかですね。で、安全感というのはまず本人にとって物理的に安全であるということ。そして安心感というのは「こころの安全」というか、こころのやりとりができる人がいるという意味です。自分の支えになるような人がいるということですね。

居場所というのは自分の存在が認められるような場所ですね。そこは自己肯定感を養えるような場です。自分がそこでクリエイティヴなことをやって、それが評価されている。自分も誰か人の役に立っているという充実感がある。創造性を発揮し他者から自分が承認されるような、そういう場所。このような三つの側面をもった場があるというのが基本だと思います。これを作るというのがひきこもりに限らず大きなテーマです。

「語る」ということの大切さ

二通　それからこれは私の方法論ですが、支援が必要な人には、まず本人にインタビューをします。先ほどお話ししたオーダーメイドの支援というのは結局、一人ひとりから話を聞き取るということなのです。

杉本　あ、なるほど。

二通　こちらが何か方法を提起するというのではなく、語ってもらうことですね。語ることによって自分を変えていけます。「語った」ということは、事実を過去形にすることですから、そこをベースに次のステップへ、ということになります。語るということはそれまでの悩みとか葛藤を過去のものにするという契機にもなります。

杉本　語ってしまうことである種、過去のものにできる、と。

二通　その「語った」ということは私とのあいだで「過去のエピソード」ということになりますね。だから次のステップは何？　ということでその物語を次にどのような物語として構築するかということになりますからね。やはりまず「語る」ということが基本です。語ることによってそれまでの問題を過去のものとして対象化できるのです。

杉本　逆に言えば「語らない」ことで我慢して生きている人もたくさんいるということがありますね。

二通　そう。ですから語る相手が絶対必要ですよね。だからおそらく私は何も答えなくていいんですよ。極端に言えばゆっくり聞いているだけで相手は変わるはずなんですよね。むしろ方法論よりも私が語りたい相手となれているかどうかのほうが問題なんです。語りたい相手になっているから来てくれるのであって、私にどんどん語っている人は自分で勝手にどんどん変わっていきますよ。変わるためのひとつのセレモニーとして語りに来てくれているんです。セレモニーは絶対必要ですから。

杉本　不思議ですよね。おそらく語るってことは、その前にすでに頭の中で「思い」とかがあるわけですよね。頭の中で「こうしたら」というのはあるはずですけど。でも語らないとやっぱり動けないというのはあるようですね。

二通　そうです。語ることによってある枠組み、パラダイムが作られる。そして語ることによってしかこの新しい枠組みというのは作られないと思うのです。だから問題は語る相手がいるかどうか。「語る相手としての自分」を買って出る人がいるかどうかですね。だから私自身は「語られる相手」になっていけばいいいと思っているんですよ。

主体的になれる条件

二通　これはひとつの方法論が、その人が主体的に変わるというときに何が条件になってくるか？ということですね。主体的に何かに取り組むときの条件は「褒められる」ということですよね。褒められて嬉しかったから頑張れる。子どもであればそれはすごくわかりやすい。でもだんだん大人になってくると褒められるだけでは主体的にならない。褒め言葉も何かわざとらしいと感じるようになります。褒められるよりももっと嬉しいのは自分が認められるということだと思うのです。「お前にこの仕事は任せた」というもの。

杉本　はい。よくわかります。

二通　それが認められるということ。「お前がこの仕事の最後のアンカーだ」と信頼して任せると「頑張るぞ」みたいに俄然《がぜん》やる気になる。これが認められることですね。そして同じ主体的な取り組みでも嫌な仕事というのもあるかもしれない。それでもやる気になるという場合は、その人にとって意味づけがしっかりしているからですね。こうこう、こういうふうな意味や価値があるからこれはしなくてはならないということですね。意味づけることによって主体的になれるのです。

杉本　はい。

二通　意味づけられる、意味づけるということによって主体的になっていく。この意味づけも本人だけではなかなかわからないとなったときに対話者がいると、「う〜ん、それはこういった面ですごく意味がある」と。あるいは、「あなたが今こういうことで悩んでいることは神話の時代からずっとあることだ」とね。そういう構造のものなんだ、昔から人間がもっている構造で、まさに神話の時代も小説で描かれたことも、今あなた自身が経験している。だから、あなた自身がその解答をどうもつかだ、とね。そこを深め、掘り下げられるかという局面だから、今のこの苦しい経験は大事だぞ、みたいなね。

杉本　それはすごい。ふ〜む。

人との出会いをプロデュースする

二通　そういうふうにして意味づけていけるか。この苦しい不幸な経験には意味があるぞと。不幸のどん底を経験しないと幸福って概念は絶対わからない。不幸というのはどういう意味があるかといえば、不幸というのは味わうためにある。

杉本　味わい。

二通　不幸のときはじっくりそれを味わう。この不幸せな状態。何が不幸せなのかというものを、それをいかにひとりでじっくり味わっていくかということが大事で、それが幸福を掴むときのひとつの手がかりになっているぞ、みたいなね。そういうふうにしてネガティヴなこともポジティヴに意味づけていく。それによって一定期間を耐えていける。意味づけの作業は言語化するということです。そういう意味でも対話は必要です。対話によって自身を対象化し、客観視できるようになるのです。上から鳥瞰できるようになるわけです。もちろんすべての人がそれでうまくいくというわけではないのですが、ただそういうチャンス、対話する相手に恵まれればそこそこの確率でうまくいくだろうというふうに思います。

杉本　そうですね。無理やりひきこもりの人の話につなげますと、家にこもってしまいますと、どうしてもそういう機会が後ろに伸びてしまうんですよね。対話する相手を見つけられないという、ある意味においてはシンプルなこと。かかわってくれる人が存在しないということが問題を厄介にさせている要因になっていると思うので、どうやってかかわれる人と関係を結べるかということですね。

二通　そうですね。人との出会いに恵まれるかどうかということですね。本人がそういう主体的な動きができない時もありますから、周囲の人がつなげていくとか、水面下でそういう人との出会いをプロデュースするとかですね。そういうことが必要なのだと思います。サポーターやプロデューサーのような働きをする人が周囲にいるとうまくいきやすい、ということです。

1　近年、従来の「障害」という表記に対して異を唱え「障がい」という表記を用いる研究者や支援者が増加しているが、本書では論者によって表記が異なることで読者の内容理解に混乱が生じることを避けるために「障害」という表記に統一した。なお、第八章の山本彩氏の場合、本書以外の場では「障がい」という表記を用いている。

2　**通級指導教室**　通常学級に在籍して、一部の授業を特別支援学級や特別支援学校に通級して指導を受けるもの。位置づけとしては、特別支援学級に比べ、通級指導のほうがより軽い障害を対象とする。

第八章　自閉症スペクトラムとひきこもり

山本　彩

YAMAMOTO Aya

札幌学院大学准教授，元札幌市自閉症・発達障害支援センター所長。

個人や家族の個別支援，自立のためのケアマネージメントなど，行政にも働きかけつつ生活者に軸足をおく総合支援を行っている。臨床心理士，精神保健福祉士。

あくまでも「困り」に軸をおく

杉本　まず、最近よく話題にされている知的障害をともなわない広汎性発達障害のひとつであるアスペルガー症候群の方や、それを含む自閉症スペクトラムと言われる方の困難性やご家族の困り、あるいは社会参加の難しさについて、教えていただければと思うのですが。

山本　はい。たぶん専門家や研究者によって自閉症の考え方は違うと思いますけれども、私の立場は科学的根拠にも裏打ちされているのですが、自閉症というのはスペクトラム状に存在しているため、どこからが自閉症でどこからが自閉症でないと線引きできるものではないという考えです。たとえば人とのコミュニケーションが少し苦手とか、多人数に参加するのが苦手というのは多かれ少なかれ誰もがもっているものであり、これが色濃く出ているだけだと思います。

だから自閉症に特化した何かがあるというより、そのことで悩む人が誰でも使える支援があることを伝えていきたいというのが私のスタンスです。自閉症だからということではなく、あくまでも出発点はご本人とご家族がお困りのところですね。その困りに対してご本人が努力できる部分と、周りの配慮が必要な点とを注意深く押さえるようにしています。

杉本　まずはご本人やご家族の困りごとを第一に考えて支援するというお考えなんですね。発達障害とかアスペルガーとかいう言葉が独り歩きする中でそれに囚われず、あくまでも「困り」を軸に考えるのは大変現実的ですし、前向きでいいですね。

山本　はい。たしかに私はご本人たちの困りを聞いて支援する立場です。一方でお医者さんは診断をつける立場が多いですが、その診断をつけるには三つの特徴を確認すると言われています。それがよく「三つ組」と言われる「社会性の特性」「コミュニケーションの特性」「想像力の特性」で、この三つが合わさっているときに自閉症の症状があると診断的には見られるわけです。たとえば「三つ組」の例でご本人がよく言われるのが「一対一だと喋れるけど、多人数だと何を話したらいいかわからない」「なぜか浮いてしまう」「臨機応変が苦手」などです。これらは典型として言われることで、障害をおもちでない方にもこのような困りをおもちの方はたくさんおられます。そして自閉症の診断がつく人にも、どの困りがどのように出るのかは大きな個人差があるんです。そう考えると、やはりご本人が実際、何に困っているのかを知っていく視点が大切だと思います。

杉本　すると医療の診断にこだわらないスタンスが重要というか。私も先ほどおっしゃった三つ組がそろって自閉症なんだな、って簡単な理解をしがちなんですけれど、実際はもっと多様な困りをもつ方が多いということなんですね。

山本　そうなんです。ですから、診断がつかないと先に進まないのではなく、まずご本人の「困り」があって、それをどう解決するかという順番なんだと思います。その際に診断がないと使えないサービスがあるため、方法のひとつとしてお医者さんに診断をつけてもらうということがあるでしょう。ただそれはあくまでご本人自身のためであって、ラベリングするものではありません。診断がつかないと先に進めないということをなくすためのものです。

問題はご本人が診断に囚われてしまう場合です。その人にあった情報が過不足なく伝達されていなくて、イメージのみで一般化された大量な情報、特にネガティヴな情報が氾濫しているために、中には自分はひきこもりで、社会的弱者、障害者だというふうに受けとめてしまい、極端な場合「もう障害者だから世の中に出られない」とか「障害に産んだ親が悪いから責任を取ってほしい」とか。そうなってしまうと何のための診断だったかということになってしまいます。

「個人化」という問題

山本　また最近困っていることなのですけれども、医療関係者や支援関係者でない一般企業の方などからも私たちは相談を受けるのですが、自分たちに都合のいい形で理解をしているケースも出ているんです。たとえば二十年来ずっと同じ会社で仕事を真面目に続けてきた方がいて、その方が今度管理職になったら生産性が落ちてしまい、うまく適応できない。だから発達障害ではないか、と。「お前、発達障害だろうから病院に行って来い」と言われたり。仮に多少なりともその傾向があったとしても、今まできちんと勤めてこられたわけですから、その人がフィットする環境に戻せばいいだけの話ですよね。最近「個人化」って言葉がよく使われるんですけれど、ズレやミスマッチを企業さんや社会の側がほんの少し修正すればいいだけなのに、それをやらずに問題を個人に帰属させる。その説明として都合よく発達障害という言葉が使われる傾向が出ていて、これは少しおかしいなあと思います。

「発達障害は福祉的な概念」とおっしゃるお医者さんがおられますけれど、私もそのとおりだと思います。あくまでもご本人のやり遂げたいことに対してそれをかなえる道具として発達障害という言葉を使えばいいのであって、本人を支援しない、あるいは支援しないどころか自分たちに都合のよい説明の枠組みのために発達障害という言葉を濫用するのは間違っていると思いますね。

杉本　いや本当。おっしゃるとおりで私もその話は大変驚きです。とはいえ、あえて初歩的で抽象的な質問をしますけれど、山本さんにとって発達障害とは何か？　という点。お聞かせ願えますか。

山本　そうですね。まずひと言で言うと、発達障害というのは生まれもつ脳のパターンであり、生まれつき得意と苦手の差が大きく、でこぼこがあるというのが今の考え方ですし、私もそう考えています。そうするとどの時代にもそのような人はいたはずで、そういう人の能力を活かす社会があり、社会との関係でうまくまわっている時代は診断というものをつける必要はないわけです。結局、今の社会システムではご本人を活かしきれない。そういったときに診断をつけて、お互いのズレを修正する。そのためにその言葉があるのだと思います。でも現状は、あたかも障害が個人の問題であるかのようにされてしまっている気がするんですよ。

杉本　おそらくいま私がインタビューで聞いている「ひきこもり」という問題も……。

山本　まるで個人の問題みたいに言われてますよね（笑）。

杉本　そうなんです（笑）。それでですね。「発達障害とひきこもり」というテーマは実際に注目されていますし、考えるべき点が多いのも否めない事実だと思うので、その点を教えていただけますか？

発達障害とひきこもりの三つのタイプ

山本　そうですね。まず私が個別相談を受けていたときは福祉サービスにつなぐケースが多かったので、その前提からお話ししますね。

まず社会とつながらず閉じこもっていた自閉症スペクトラムの人たちの中には、その人たちに必要な情報が届いていなかったという方がおおむね三分の一くらいいました。そういう方たちは情報をお伝えすることで「知りませんでした」「自分のせいだとばかり思っていました」とおっしゃって、「ぜひ必要な情報を知りたい」「サービスを受けたい」という形で私たちのところへ来られます。このような方たちは今まで「やる気がない、怠けている」とか言われてきて、自分としては頑張って努力をして。でも発達のでこぼこの部分で集中できなかったりとか、人間関係がうまくいかなかったということで疲れ果ててしまって家にこもった方々です。こういう方たちは今ではそういう人にあう支援があるんですよ、それを選ぶかどうかはあなた次第ですから、お話だけでもさせてくださいとアナウンスすることで出てこられますし、実際にサービスを利用して社会参加もされています。

もうひとつのタイプは自閉症状の傾向で、ルーティンというか、家の中でこもって生活するスタイルが定着してしまっており、ご自身の中に困りも不便も葛藤も感じない人たちです。このような方たちはご家族相談ということになりますけれど、ご本人が何の不便も感じておられず、ご家族が「困った、困った」と困惑しています。このような方も私の相談の中では三分の一くらいおられました。なぜ困らないかというとこれは賛否両論あるのですが、やはりご家族がずっとひきこもりは見守っていればいいという指導を受けてそれを守ってこられたとか、どうしたらよいかわからなくて様子を見るしかなかったとか。だから困っているけど、お小遣いも余暇も食べるものも与えて本人は困らなくて、という方が多かったですね。ですからひとつのアプローチとして適切な困りをご本人にもってもらって、ご本人が困って自分の足で出てきてくれるケースですね。

杉本　葛藤を感じてこられなかったということですよね？　その葛藤を感じてこられなかったという方は家の中でも特に問題を起こしていらっしゃらない感じなんですか？

山本　いえ、それはですね。それに加えてもう三分の一弱の方のお話になるんですけど、その方たちは同じように葛藤を感じておられないばかりか、どんどん自分のルールの生活を加速してしまって、思い通りにならないと暴力だとか、犯罪だとか、物壊しとか。広く取ればなんらかの触法、あるいは精神保健福祉法に抵触するようなことになって。入院とか、施設を経由して支援を求められるいわば危機介入が必要になるケースですね。そういうことも年に数件あります。やはりご本人が社会で活躍する場がないとか居場所が外になくて家に閉じこもりがちになり、その結果、友だちや恋人の役割をお母さんに求めて依存や攻撃の対象にしてしまい、そこに複合的な要因が絡まって介入が必要になってしまうことがあります。そういう方の場合は母親、本人の両方をケアしつつ母子分離していくことで適応がうまくいくことも多いんです。だから母子の思春期の頃の支援はすごく大切だと思います。

ただ、発達障害は非常に多様性があって、濃淡も大きな幅がありますから、あくまで私が福祉という切り口で見た場合であり、福祉の門を叩いた割合ということで押さえておいてください。発達障害イコール暴力とは絶対結びつけないでいただきたいんです。結果的に二次的、三次的に複雑な状況になったということで、診断名とは結びつけないでほしい。相談機関には閉じこもりの方ではなく、普通にご本人が相談に来られる方がたくさんおられます。ですから幅というか、多様性が本当にあるので、たまたま私の場合シビアなケースを見ることが多かったという話なんです。

アイ・メッセージを使う

杉本　そういうことなんですよね、あくまで。ただ、シビアなケースに陥るまでにやはり事前の対応も必要だったということだと思うのですが、いかがでしょう？　そのような葛藤を感じられない方の場合へのアプローチには具体的にどのような方法論がありますか。

山本　そうですね。まず適切なアセスメントをしつつ、ご本人に適度な困りをもっていただくノウハウを使います。段階的に慎重に、ご本人の環境を調整します。たとえばひとつの方法は家族にアイ・メッセージを使うようにしていただきます。つまり、「あなたはどうするつもり?」とか「どうしてあなたはそうなの?」という「あなたは」という語りをせず、「私は」という語法で話をしてもらうようにします。たとえば「お母さんはもう年だから、これからのあなたが心配なの」という話し方に変えていきます。これだけで場合によって受け手が感じる印象が劇的に変わります。

杉本　その語法は現実理解にとっても、とても説得的ですね。

山本　そうですね。想像力が少ないタイプの方はきちんと言われないとわからないことが多いんです。

目に見えないものをピンと理解するのが難しい。たとえば多数派の人のように進路選択だとか、親からの自立というのはわかるように教えてもらわないと、多数派の人のように黙っていたら自然に自立していたというふうにはなりづらいんですね。目に見えないものほど本人たちがピンとくるような方法で教えていく必要があるんです。その教育がなかったためにひきこもってしまったということもありますね。そのことに早くから気づいている先進国というのは診断名を使わず、そういう子たちがいるんだという前提での進路教育をしているのですが、日本はまだそこら辺が立ち遅れていますね。

杉本　なるほど、そういうことがあるわけですね。

ユニバーサルな支援を

山本　私が思うのは発達障害に特化した支援は誰にとっても邪魔にならないものだということなんです。ですから特別な支援というより、一般の人たちにも使えるユニバーサルな支援システムになっていただければと思います。傍証として、発達障害の特性をもつ方の比率なんですけれど、だいたいどの研究を見ても五%から多く見積もって一〇%はそういう特性をもっている方がいると言われています。

杉本　生まれてくるお子さんの一割くらいいらっしゃると？

山本　広く見積もってですけどね。だから特別にピックアップして特別な支援を施すモデルだとたぶんうまくはいかなくて、どの子にも応用の利く支援教育を考えたほうがいいはずですし、先ほどの母子分離の話も発達障害の子だから際立って見えるだけで、これも多かれ少なかれどの子にも言えることです。ですから発達障害に必要な支援はどの子にも必要な支援で、ユニバーサルで誰にとっても邪魔にはならない支援なんですよね。

杉本　いわば手すりをつけたり、高齢者の補助具が他の人たちにも役に立つのと同じことですね。

山本　まったく同じですね。本当に必要なことって特別なことじゃなく、誰にとっても必要で邪魔にならないものなんですよ。だから十分可能だと思うんですよね。

杉本　たとえば教育関係者がいちばんユニバーサルな支援の先頭に立ったほうがいいですか？

山本　う〜ん。又聞きですけど、アメリカから帰ってこられた方の話では当たり前のように人には得意、不得意があって、程度が大きい人も小さい人もいるという教育を受けるそうです。母子分離の仕方とかも。あとはキャリアカウンセリングのようなことも、これはオランダだったと思いますが、すごく充実している。だから今の日本の制度で先生だけが頑張れというのではなく、社会全体のシステムが動いていかないと、ただ先生の負担を増やすだけだと思いますね。

杉本　教育も就労もそうだし、ライフステージが変わっていく局面でサポートシステムがありますよね？　そういったところにいる人たちがユニバーサルな支援として発達の特性を理解していく必要というか、一般の中にも理解が組み込まれる、社会生活の中に組み込まれるのがいいのでしょうか。

山本　そうですね。そうなるためには制度とか支援する側を整えるとか、フォーマルな制度を整えるのも必要ですけれど、カジュアルな支援もというか、普通のおじさん、おばさんたちの理解も必要ですよね。ちょっと変わり者のA君だけど可愛いなあ、みたいなね。やはり制度だけでは網の目全部を整えるのは不可能ですし、フォーマルな良さとカジュアルな良さの両面が必要だと思いますね。

フォーマルな支援

杉本　では改めて、フォーマルな支援について具体的に教えていただけますか？　そういう制度の支援が私たちのカジュアルな生活意識の変化にもつながると思うので。

山本　小さい頃から言えばまず母子保健ですね。それこそユニバーサルに、発達障害の診断がつく前の支援が大事だということで、実は学び方や感じ方の違う子どもさんたちというのはたくさんいて、中には一般的なやり方ではなかなか学べない子もいるんですよとお母さんたちにお伝えしたり、あるいは障害以前にどのお母さんにも一様に見守りとか支援の手が差し伸べられるようになっていて、診断がつかないと受けられないサービスだけではなく、少し子どもの育ちが心配だわ、という場合に相談できる場所とか、お母さんのストレスを支えるなど、母子を支える支援として母子保健があります。

もうひとつはその中でこの子は少し発達にでこぼこがあるねと思われる子が行く早期療育。「みんながやってるからわかるでしょう？」ではわかりにくい子たちを呼んで、その子たちがわかるようなやり方で指導する。それが早期療育です。その後、学校教育も特別支援教育ができて、子どものニーズにあわせて教育を展開しています。

ここまではどちらかといえばラベリング重視ではなく、学び方や感じ方の違いにあわせて育てようという視点ですね。でもやはり一般的なやり方では難しく、特別な支援が必要になったときに障害者福祉サービスがあります。これは障害者総合支援法の中に発達障害の方も含まれることになり、「生活支援」「就労支援」「余暇支援」とおおむね三つに分けて考えられますが、このサービスを発達障害の人も使えるようになりました。

たとえば生活支援だとお片づけが苦手な方がヘルパーを使うとか、就労支援もご本人が「もう少し具体的に教えてください」と企業側に言えるようなトレーニングをしたり、それでも難しい部分は企業さんにこの人はこういう特徴があるので工夫をお願いしますと調整することができるようになりました。余暇支援では今は自助グループなどが充実してきています。そういった福祉サービスを利用するには診断をもらって役所の認定を受けて許可が下りないと利用できないのですが、見ていると必要な人には必要なサービスが行き渡ってきているなぁという印象です。

杉本　そうですか。そういう意味では裾野の広がりはあるのかもしれませんね。やはり私自身がそのような方々との接点が少ないために知らないことが多いと思いますね。会ってお話をして、お互いのズレを修正すればいいと思いますが、機会が少なくて。

山本　杉本さんは理解してくれると思いますけれど、多数派の人のほうがよほど下心があったりするじゃないですか。自閉症の方たちは基本、裏表がないですし、脅かしてくる人たちじゃないんですよ。だから一度魅力にハマると多数派に寄りたくなくなると思いますよ（笑）。意地悪とか、出し抜こうとか、そういうことはしない人たちですから。よほど心穏やかです。むしろ自分は発達障害とは無縁だと思っている、多数派の人たちと話すほうが気を使うと思いますけどね（笑）。

第 4 部

社会的排除とひきこもり

第九章　若者が着地しづらい時代の支援

阿部幸弘

Abe Yukihiro

こころのリカバリー総合支援センター所長。
「ひきこもり外来」「ひきこもりデイケア」を運営する。
地域を回って「ひきこもり地域サポーター養成」研修，
ネット配信でひきこもり研修を行うなどアイデア豊富。
精神科医。

ひきこもりは「現象」

杉本　「こころのリカバリーセンター」では、ひきこもりの外来相談からリハビリテーション（＝デイケア）、そして社会参加への移行までを提供する枠組みとして、「ひきこもり外来」「ひきこもりデイケア」を開設しておられます。そこで、今回のインタビューではひきこもりの印象とか、実際にひきこもりの人の相談も受けている中で、どのように感じられ、考えておられるのか率直にうかがえればと思います。

阿部　そうですね。ひきこもりとひと言で言われる現象に共通しているところは、長らく家族以外の社会との接点を失って、それが必要な時期もあるかもしれないけれども、最終的には苦しみに変質していって困ってしまうみたいな流れが共通だと思うんですよ。ただ、そういう現象がなぜ現れるのかっていうことを考えたときにさまざまな説明があると思うんですね。

僕は精神科医ですから、精神症状を通して相談しにくる方も多くいらっしゃるので、ついやっぱり精神的な病理現象・こころの病気と見てしまいがちになるんです。それは仕様がないところもあるんですが、いろいろ勉強してみるとそういうふうにはひと言では言えないな、っていうところにきている感じがしますね。いろいろ勉強して確信を深めたのは、ひきこもりというのはやっぱり「現象」ですね。社会現象ということは言っていいと思うのですが、その原因というのはひと言では言えないと。人によって全然違ったり複合的だったりするということは言える。ここまでが大前提ですね。

で、もう一歩、言うとですね、若い人が子どもから大人になっていく中でいろいろな課題がありますよね。ひとつは働くということだと思うんですけど、その課題を満たすのにハードルが多いというか、山坂越えなきゃならない時代になっていて、にもかかわらず社会的な支援が少ないということがむしろ問題ではないかと最近思うようになりました。その原因って何だ？って言われたらいろいろある。いろいろあることのなかに本人も頑張らなければならない部分もあるのでしょうが、いろいろな社会的なバックアップとか支援がないゆえにすごく苦しんでいる多くの人がいる。それをトータルして「ひきこもり」と言っているように見えてきましたね。

杉本　そうですね。自分自身も一歩引いてみたときにやはり社会現象だなぁと思いますし、最近では社会的排除っていう言葉もよく使われますね。ホームレスとか生活保護バッシングとか、いろいろな問題を社会的排除と総称してその中にひきこもりも入ってくる。

ただひきこもりの人の場合は、それに加えて自分自身を自己排除する、自分で身を退いてしまうところがあるので、自分から訴えづらい。学業が終わって成人に達し、働いたらどう？と言われ、いや難しいです、となったときに、働くことがなぜできないのか、今の時代大変かもしれないけれども頑張ればいいじゃないか、と。そう言われれば言われるほど、そういった言葉をも自己内面化していくような側面があるだろうな、と思うんです。そういう相互関係のなかの構造的な問題が起きる点において社会現象なんだろうな、っていうふうに思いますね。

また総じて世の中が厳しいなら、それに対して戦うとかっていうキャラクターでもないと思うんですよね。端的に言うと社会的には弱いのかもしれませんが、今の世の中って強くあらねばならないとか、就職の間口も狭くなってイス取りゲームのようになっているので、ひきこもりの人だけじゃなく、今の若い人自身もけっこう自分を承認できない部分をたくさん見つけて自分に自信をもてない人が増えているとも聞きました。そう考えると若い人もなかなか精神的につらく、ひきこもりの人に至ってはなおつらいだろう。こういう状況に対してどう対処していったらいいのか……。何とも難しい質問で申し訳ないのですが。

若者が社会に着地しづらい時代

阿部　うん、どういうふうになったらいいのか……。う〜ん、そうですね（笑）。いま、ひきこもりの方、ひきこもってしまわざるを得なかった方だけじゃなく、若者全般にいろいろな困難があるという話が出てきましたよね？　それはたとえば仕事がなかなか見つからないとか、昔みたいに会社でじっくり育ててもらえないとか、それから何か辛い目にあったときにサポートしてくれるような地域や家族も昔と比べて状況が悪くなっているとか、さまざまな理由が背景にあると思うんです。

いちおう日本も先進国だとして、西洋の経済状況とか若者の雇用の状況を研究している先生の本をちょうど読んでいるんです。宮本みち子さん[1]の『若者が無縁化する』（ちくま新書）という本なんですけどね。これを読むと欧米では二十数年くらい前から若者の特別な就労支援が必要な状況が生まれてきていて、彼らの支援をしてあげないと、人生の早い時期、高校生・大学生くらいの時期に社会的に排除されていく。教養はつかない、労働のスキルもつかない、社会的な関係もできない、要するに働けないしものも知らない人間になっちゃって最後はどんどんあぶれていくという現象が出はじめて、二十年くらい前から若者の具体的な就労支援をEUなんかでたくさん組むようになってきたという話なんですね。

ですから、国によってニートやホームレスみたいな流れになる人もいれば、ひきこもりになる人もいる。そういうふうに考えれば、若者が社会に着地していく部分が昔より困難になっている状況が日本にも遅れてやってきたということなんですよね。おそらく日本が遅れたのはなぜかというと、一九九〇年前後に「バブル」があったからなんです。あれがなかったらたぶんヨーロッパとそんなに違わない状況で同じような社会状態に入っていたはずなんですね。

杉本　つまり西洋のほうが早くに工業社会化が終わってすでに経済成長もなくなるという現実があり、若い人が新規に労働市場に入っていけない。私たちはそれを全然知らなくて、そのあいだに八〇年代の終わりくらいまでバブル景気で今後も永遠に終身雇用が続くと思い込んでいたのが、九〇年代の終わりくらいにそれが続かないということがハッキリ見えてきたんですね。

阿部　遅れてきたというよりは、他の国がその波に入っていったときに日本だけその波に入らないで、バブルがあったので、その間十年ないし二十年の錯覚というか幻想に社会全体が囚われていたという見方はどうでしょうか（笑）。

杉本　（笑）。それはとてもよく私なんかも思うことを言ってくれたなぁという気がします。

阿部　いや、もちろん個別の問題というのはそれぞれ考える必要があるんですよ。たとえば自分は人づきあいが苦手で訓練が足りないと思っている人もいるでしょうし、家族の支えがないとか、体力がないとか、精神的な病気になりやすかったとか。あるんですよ。

それは仕様がないし、そこで反省して頑張ってなんとかなるならそれでいいんだけど、そうじゃなくて社会全体が下方スライドしていく中で起こっているとすると、自分の責任はこの辺からこの辺まで、ここから先は何割か社会の要因もあるっていうふうにちゃんとバランスよく考えないと、全部自分で引き受けてしまったらもう抜け出せないですよね。

杉本　個々にある人づきあいが苦手だとかそういう問題と、やっぱり社会全体がバブルで錯覚してしまったっていうことの両面を見なくてはいけないんですね。

阿部　そうですね。そういうふうに考えると、ただでさえ若者が労働市場・働き口にうまく着地するということが、経済成長が天井に当たってもう伸びていかないような世の中になっているから、当然そういう問題が同時並行的に起こってきたにもかかわらず、日本はその対策を怠ったんですよ。

必要となる支援ネットワーク作り

杉本　そうしますと、ニートという言葉も日本の場合は言葉の発祥地である英国での厳密な意味から遠くて、それなりにちゃんと学歴もあるにもかかわらず就職してないからニートだというような。若くて就職してなくて学業が終わっているので勉学・就労の場に参加してない人をニートだと言いますけど、やはり違いますよね。今までであれば、おそらく活発・積極的な人よりは多少就職活動が難しくてもどこかに収まるような場所があるとか、それがなければ周りの大人たちが少し目をかけてあげる環境があったかもしれないですが、状況が非常に西洋と似てきているにもかかわらず、大人たちの側で「本格的に考えなくちゃいかん」っていうのがないですね。

阿部 やはり世論が動かなければ、政治家や行政も「じゃあそれに予算をつけます」となりにくいですね。だからひきこもりの問題をどうするとか、ワーキングプアとかネットカフェ難民とかバラバラな議論がされてますけど、実はトータルとして何が起こっているのか？ というところにまだ幻想があるように思います。

ここでいちばん問題だと思うのは上の世代ですね。僕も入るかもしれないけど、団塊の世代を中心に、「頑張ればやっていける」という高度成長期に青春ないしバリバリ働くことで生きてきた世代の人たちには「頑張ればなんとかなるのに何やってんだ」という姿勢がまだあるでしょう？ それは社会の変化に気づいてないということなんですよね。それが家庭の中では親と子のコミュニケーションのネガティヴな要因になるし、それだけじゃなくて社会政策論的には、「若い奴が頑張りようがないんだよ」という論調になっていかない。もちろんだんだん上がってくる下の世代の人たちもこれから発言力をつけてくるわけですから、そこで終わることはないと思いますが。やはり上の世代が世の中の変化にきちんと気づいていないために世論が動かないのではないかと思うんですよ。

杉本 動かないと本当に大変ですよね、今の状況は。

阿部 そうなんです。そこでこのセンターで考えたのは、精神科医もひきこもりから脱したい人がいるときになんらかの手伝いはできるだろう。人によるけれども、精神科医の手伝いがいらない人もいれば、手伝いがあったほうがいい人もいますよね？　だから、かかわっていくけれども、その中で精神科医だけ頑張ってなんとかなるとはとうてい思えない、というところから出発したんです。

つまり、地域でひきこもりのサポーターが連携することによって医療が必要な人には医療、福祉も時には必要。教育機会を失っているからまた勉強したいという人もいるかもしれないし、人間関係的なスキルを積みたいという人もいる。そんないろんなニーズがあるならば、関係する人たちが集まってどう手伝ったらいいだろうね？　という議論ができるようなネットワーク作りをすることによって、まずみんなが多様な見方ができるようになるということがひとつと、その議論の中で社会状況の変化の理解が浸透することになるんじゃないかということ。

「若者の頑張りだって必要だけどもそういうことばかり言っててもどうにもならないよね。もうちょっと社会の変化自体を大人が認識しないといけないよね」と。要するに大人も今の社会を学ぶということですよ。「高度成長期と同じじゃないよね、どういうふうに変わったんだろうね？」ということを学んでいくことによって、若者の側を変えるっていうんじゃなくて、サポートする人たちの認識が変わる必要があるんじゃないかという考え方を採っているんですね。

杉本　わかります。当事者ばかりでなく、社会の人も一緒にこの社会構造を学んでいくということですね。あと私が思っているのは、たしかに人間関係が失われれば当然人は元気が出ないし、関係をもっていることが当たり前みたいに思っている以上、逆に大変な思いをして社会関係をもちつづけている人もいるんじゃないかということなんです。嫌な言い方ですけれども、表面は明るいけどリストカットの跡がたくさんある人もいるかもしれないし、一生懸命世の中とかかわろうと日々頑張って燃え尽きそうだという人もいるかもしれません。

たとえば労働であればたくさん残業してでも頑張らなくては行き場所がない、みたいな。つまりこの「追い詰められ感」ですよね。そういった面も含めて認知されればいいなと思うんですよね。

阿部　かつての不登校がどんな学校でも起こりうるというふうに変わったのと同じように、「可能性は誰しもある」という認識になったほうがいいですよね。冗談ではなく、ひきこもりもホームレスも、ちょっと何か不運なことがいくつか重なったらそうなってしまう状況になってきてるような気がしますね。だから私が言ってることというのは、精神科医の専門の範疇を超えてしまっていて、精神科医として頑張れるところはもちろん頑張るけれども、精神科医だけで頑張っても仕様がないし、やっぱり連携していくこと。個人個人でなんとかしてあげたいと思う人を理解していくことを大事に考えながら、その彼らのおかれている背景も理解していってあげないとね。背景というのはこの場合、社会の変化ですね。それを理解していかないとうまくいかないというふうに強く思っていますね。

杉本　そういうふうに感じてくれるととても嬉しいです。

健全な情報の共有を

阿部　たとえば斎藤環さんの『社会的ひきこもり』（ＰＨＰ新書）というのは精神科医として、手がかりが必要なところに彼の体験から書いたものであって、あれはある種の家族療法的な視点で見た場合、じゃあどこから支援したらいいのかというのを組み立てる上で非常に役立つ道具だと思います。とはいえ、なぜ全国に何十万人ものひきこもりのケースが都会・田舎問わず現れたのか？　ということ自体は説明しませんよね。バーッとそういう現象が出てきたこと自体を説明しないですね。それはまた別の説明が必要で、さっきのような国全体にかかわってくるような何かで説明しないと。

やはり精神科医は精神科医で限界があると思うんです。これは斎藤さんの批判じゃないですね。自分のもってる方法論で複雑な現象に切り込んでいくわけですから。その方法論によって見えてくることと、その方法論で逆に見えなくなることと、どんな立場でも盲点というのは現れると思う。そういうことなんだと思うんですよ。社会学で切り込んだら見えることがあるし、社会学で切り込むがゆえに見えないこともあるだろう。精神医学でも同じ。やはり健全な批判のしあいとか健全な情報の共有がなされないとなかなか実態は解明されないし、よい対策も立てづらい。

できるところからやってみよう

阿部　僕はもうひとつ日本の特殊な要素として考えなきゃいけないと思うのは、かつてこの国は豊かな地域社会の助けあいというか、連帯があったと思うんですね。農漁村・田舎中心にね。あるいは都会にもあったかもしれません。温かみのある下町みたいなものですね。そういったものが分断されてしまってご近所づきあいもあまり自然にできないような社会の中で、ちょっとしたことも助けあえないような状況があるわけでしょう？　結局、全体に起こってくる問題というのは、全体を反映しているんですよ。

僕は不登校は教育制度の問題が背景にあると思っているし、ひきこもりに関しては主に若者の就労の面から説明できるということを言いましたけれども、日本はそれに加えて「地域社会の弱体化」の面もあると思うんです。その状況の中でひきこもっている一人ひとりの青年に、どうやって本人が望む方向へ手伝っていけるかということを考えなければならない。もちろん最後には本人の力が必要ですよ。だけどそういう工夫をしていく中で、地域社会は昔に戻ることはできないから、今のバラバラになっちゃった状況からもうちょっとマシな、地域社会の「下からの再編」が必要になってくると思うんです。

杉本　なるほど、地域の人たちが温かみをもち、ひきこもりがちの人たちも地域の人を安心して信用できれば理想的ですね。貴重な話をありがとうございました。最後に、今後こういうふうになっていったらいいんじゃないかという提案がありましたらよろしくお願いします。

阿部　そうですね。まずは「できるところからやってみよう」という空気になる必要があると思います。僕とか、あるいは僕の勤めているこのセンターだけでそういった動き全体をカバーできるはずもないので、まずはやれるところから僕たちもやっていきたい。僕たちが手伝ったほうがいいようなことがあったら手伝いたいなぁと思っています。

企画の組み方だと思うんですよね。当事者だけでやったほうがうまくいく事業もあるでしょうし、組み合わせでやったほうがいい展開もあるでしょう。それは使いたいと思ったら声をかけてもらい、僕らからも声をかけていって、お互いのよいところを活かせるようなネットワークを展開できるといいですね。土地によって個性は違っていいんです。ネットワークができていくと具体的にウチの市ではこういう事業があったほうがいいとか、こういう事業が望ましいというものが見えてくるかと思います。都会と田舎でなんでもそろえる必要はないし、やっていることは参考にはなるけど、そっくり真似する必要はない。僕としてはまずどこでもできることからやれることはあるんだよ、ということはぜひ強調しておきたいですね。

1 **宮本みち子**（みやもと　みちこ　一九四七〜）　社会学者。放送大学教授。専攻は家族社会学、青年社会学、生活経営学。

第十章　生活を自分たちで創り出す

宮崎隆志

MIYAZAKI Takashi

北海道大学大学院教授。

社会的に排除された人びとの自立や回復に向けた学びの論理，援助のあり方を探求。社会的ひきこもり状態にある若者や非行少年の自立支援を対象とした研究を重ねている。

締め出された領域に光を当てる

杉本　社会教育学の領域でも今の若者の生きづらさとか、若者が社会参加する上での難しさなどについて、強い関心をもたれていると思いますが、ひきこもりやニートの問題などにも接続できる形でお話をうかがえますか？

宮崎　そうですね。最近学びの場から締め出された「早期の離学」という問題に焦点が当てられた一般公開の研究会に参加しました。早期に学校を離れるというと高校中退がすぐ頭に浮かびますけれど、その研究会では高校・大学の離学（＝中退）だけでなくて、実はそれ以前から学校、あるいは学びの場そのものになじめないとか、違和感をおぼえるような状況があることが明らかにされました。それをもっとたどっていくと「遊び」の段階でもすでにそういう問題が起きている。そして働く場にもそれが現れていくという、そういう理解だったんです。ですから「ニート」や「ひきこもり」と言われる現象も、学校や職場に移行する過程における排除のように現象的には見えますが、実はそれ以前から排除性が一貫して作用しているのではないかというのが私たちの認識だったのです。

杉本　離学以前からはるか前に、遊びの段階ですでに違和感をおぼえる現象は、なんらかの経済的な要因なども含めた差異が生じているという理解だったのですか？

宮崎　もちろんそれは家族の貧困の問題なども当然あるでしょうが、その研究会では、むしろ遊びが型にはまったものになっていることに焦点が当てられました。ひとつは遊びの「上品化傾向」（京都教育大学の加用文男氏の言葉）、つまり土や泥に触ったり触れたりすることのない「綺麗な遊び」になっていることです。親自身がそういう経験をしていないので泥んこになるということをあまり好まない。そういう大人のあり方が子どもの遊びを狭くして創造性を奪っているのではないか、ということです。あるいは働く場からの排除という現象も、今の社会が非常に窮屈になっていて、窮屈どころか人を締め出すという問題の現れとして考えたほうがいいのではないか。そう仮定すると、問題解決のあり方は社会のほうへ投げ返されるわけです。社会のあり方そのものを考え直す作業が必要になる。

枠があってそこから押し出された人を枠の中に戻すという考え方ではなく、枠自体を広げていく必要がある。そのためには当事者たち、社会や時代から押し出された人たちと一緒に考えていくしかない。なぜかといえば、枠の中に残っている人たち、社会から締め出されなかった人たちも実はいま生きづらさを抱えていて、自分もいつどうなるかわからないという不安と同居しているわけですよ。一見勝ち残ったように見えるけれども、生きる充実を感じることができていないように見えるのです。ならば締め出されている人たちと一緒に内側と外側の壁を超えてこの問題を考えていくことが必要なのではないか。

「遊び」は生活を創り出す

杉本　遊びの話が出たので連想したのですが、僕はもう年かさですから、小さい頃を思い出せば、家にも外にも特別なものは何もなくて、車さえほとんど走っていなかったんですよ。子どもはけっこういました。そうすると結局、僕ら子どもたちは兄弟の友だちに加えてもらって、何か大人から見たら

「何やってんだ？」と思われるようなことを外に出てワイワイやっていたような。要するに何か自分たちで勝手に空想の世界に入り込んで遊んでいた記憶がありますね。

宮崎　遊びというのは本来そういうものですよね。もちろん、テレビゲームがダメとかそういう話ではなく、それを上回るおもしろい遊びを知らないということのほうが問題なんですよ。いま幼少期の遊びに関して言えば、遊びが型にはまったものになってきているということがあります。本当はいろいろ選択肢があるにもかかわらず、自由に自分の生活を積み上げる「余白的な部分」が大人も子どもも少なくなっているということなんです。そういう遊びを経験できるスペースを時間的にも空間的にも奪ってしまった。

今の子どもたちはたとえば、児童館に行くなどすれば、学校が終わった後、いちおう自由な遊びはできるのだけど、やはりある種の枠の中にはめられているのは否めない。児童館の職員や先生方は一生懸命工夫して努力されていますけれども、多忙なんですね。そして何かあったら大変なのでどうしてもルールを設定せざるを得ない。そうすると子どもたちは「こうやっていいですか」「これ使っていいですか」と一つひとつ許可を取りにくる。それは正しいことですが、逆に言うといちいち許可を取らないと何もできなくなっている。これは職員がどうこうではなく、今の社会全体がそういう場しか作れなくなっているということだと思います。

杉本　本来あるべき姿の子どもとして遊びをしていくことによって、自主自立的に生きていく力を養っていける、ということがあるのでしょうか？

宮崎　それはあり得ると思いますね。人は遊びの中で人間関係を学んでいきますし。ルールを作るというのもそうですね。また、ワクワクドキドキするわけですから、自分たちで挑戦するということもありますね。新しいものを創り出す喜びを実感するわけです。遊びは虚構の世界で展開するから、どこまでも展開できる。そういう経験を自分たちで作り出していくわけですが、ある面でそれは生活だと言ってもいい。つまり遊びは、「生活を自分たちで創り出す生活」と言えますけれども、それをリアルな場面で考えたら働くということです。つまり労働ですね。人間は与えられた環境の中で暮らしているわけではなくて、環境そのものを変えて、生活を創り出していくのです。

杉本　労働するから環境を変えていけると？

宮崎　労働するとはそういうことです。なおかつそれは自分ひとりの生活を変えることを意味するのではなくて、他人が必要としているものを想像し、他者とともに創造することを意味しています。つまり遊びの世界で経験することと、働く世界で経験していることは連続しているのです。

ところが今はその両方ともが縮小してしまい、大人は「与えられた仕事しかできない。社会を変えるなんて無理だ」と思い込まされていますね。そのような中では与えられたことを素早く処理していく力が必要になります。それを子どもたちに早く身につけさせなければと考え、塾に通わせる。それも必要なことかもしれませんが、そこには子どもが自由に自分たちの世界を作る余地を奪い、遊びの質を変える側面もあるのです。

いま、子どもたちはたしかに遊んでいるけれども、本当に自分たちの世界を作り上げるような遊びになっているのかどうか。先ほどの遊びのルールにしても、異年齢の子どもが集まると力の差があるし、男の子・女の子の違いもあります。違う者どうしで一緒に遊ぶにはハンディをつけるなどルールを変えていく必要があります。子どもたちは子どもたちなりにそういう工夫をするものだし、実際にそういう経験をもっていれば、たとえば学校の社会科で〈法〉とはどういうものか、を理解するときに、遊びの原体験があることによって、「あ、つまりこういうことを言ってるんじゃない？」ってわかる。

逆に、親が与えた掟がルールになり、それに従う体験しかもたないと、ルールはみんなで作り上げていくものだという発想ができなくなってしまう。自分たちで作り出していくものだとか、人のやりとりの中で折りあいをつけるために必要なものだという発想が出てこないですね。

ほかに遊びには算数的な要素もありますし、コミュニケーションや言葉というものがすごく大事になります。それが豊かに展開しないまま科学的と言われる学習が豊かに展開できるかというと難しい。土台がぐらぐらしているところに概念・知識だけ吸収しても、実生活に出たときに机の上のデザインはできてもリアルな世界でコミュニケーションができないから、そういう人は結局、現場の人たちから非難を浴びるようなことになってしまう。すごく単純化して言ってますけど、そういう意味で遊びというのは決定的に大きい。あるいはそれと連続する学びのあり方の意義の大きさですね。

連続する「遊び」「学び」「働き」

杉本　遊びと連続する学びがないと、という？

宮崎　つながるはずですよね。それがまた「働く」世界にさらに連続するわけです。そういう意味で「遊び」というのは「学び」のあり方につながり、「働く」という世界に連続するわけですよね。今はすべてが逆になって、働く世界が貧しくなり、それが学びの世界を貧しくしている。悪循環です。

杉本　なるほど。今の説明、よくわかりました。

宮崎　ですから今、大人が本気になって遊ぶ機会をもてるかどうか。たとえばコミュニティカフェなどの取り組みがありますね。そこでは今まで知らなかった人と出会って世界が広がっていく経験をする。あるいは日頃の肩書きと関係ない人とのつながりそれ自体が魅力になっていく。そういう活動は「遊び」的要素があると考えていい。つまり一見労働と関係ないような活動も、実は働くということと根っこでつながっているんです。そういう体験が働く世界を豊かにするために必要です。

　ところが今は働く世界だけがいちばん価値ある世界で、ほかの活動は「好きだったらどうぞ」とまるで意味がないように切り捨てたりする。本来はそうではないですね。ＩＴ企業のアップル社は、数人で知的な探求をしていく中でそれが結果的に商品となり、仕事を創出しました。つまり最初から金儲けのために知恵を出したわけじゃなく、知的好奇心を追求していった結果、そうなったという。そういう順番ですね。

杉本　おっしゃるとおりですね。ですが現実はまるで働くことがひとつのイデオロギーのようになっていて（笑）。生まれ、育ち、学び、働くまでの過程が全部、働くことへ収斂してしまう。もしそうであるのだとしたら、すごく貧しくなる。いろんな意味で貧しくなる気がしますね。

宮崎　人が生きる以上は、自分や自分たち自身がより良い生活を作るということが目的であるはずですよね。ですから他人から与えられた生活の中で人に管理されて生きることが人間として生きることだとは思えない。

杉本　誰にとってもそういうものだと言っていいのでしょうね。

宮崎　人間である以上そうですよ。人間として生きる上では、生活を創り出す生活をみずからのものにしていくことが大事なのであって、ある意味その活動はさまざまであり得るんです。あえて言うなら人間が行っている活動、すなわち誰かと一緒になって何かを作り出していく活動はすべて価値があるはずです。そう考えると社会の一員として成長していくということは、人生のどの段階のどんな活動を通しても見通せるはずです。

「ひきこもり」は主体性の現れ

杉本　その意味では「ひきこもり」という言葉や現象からくるイメージも社会的にはネガティヴなところがあり、同時にひきこもりの人たちも、活動に関して言えば消極的な選択をしていると思うのですが、そのような人たちについていかがお考えですか？

宮崎　そうですね。ひきこもる人の話に即して言えば、当事者の方のひとりが「世間を先取りしている」という表現をされていて、それがとても印象に残りました。つまり世間を先取りし、自分で自分を責めるということ。実は、それはある意味主体性の現れなんです。他人の視点から自分を見て、社会から求められているものは何か。そのために自分はどうあるべきか。常に考えているように聞こえました。そのようにふるまうこと自体はまさに人間だからできることで、必要なことです。

だけどそのときに自分自身を見失ってしまう。自分自身がつぶされてしまうというか、そういう圧力を同時に引き受けてしまい、まさに先取りして自分で自分の枠を狭くしていく状況にみずからを追い込んでいく。そしてその枠は自分で作ったものだから、誰のせいでもないって見えてしまいます。その枠を作った結果、自分を苦しくしたのなら、それはやっぱり自分の中に原因があるんだというふうに考えざるを得なくなってしまう。だからそれは主体性が発揮されたがゆえに、逆に自分を締め出す方向に向かっているわけです。だけどそのときに大事なのは、そのプロセスの中にある主体性なんです。自分自身が主体性を発揮した結果、そうなっているという事実が大事なんだと思いますね。

杉本　主体性を発揮したがゆえにひきこもる……。

宮崎　実はひきこもるというのは主体性がないかのように思われがちだけど、ものすごいエネルギーを発揮した結果そうなったのであって、人に役立つ自分であろうと努力した結果ひきこもっているのだという逆説があると考えたほうがいい。だとしたらなぜ頑張れば頑張るほどひきこもってしまうのか。その転倒のメカニズムは何か？　ということをみんなで考えるべきですね。それを読み解くしかない。それはけっしてその人の中にだけ原因があるのではなく、転倒させるような職場環境や、さらにはシステムあるいは社会にある。それが主体性を転倒させるメカニズムとして作用したのではないか？と考えるべきなのです。

杉本　そうすると、ひきこもっている人も自分の中にあまり責任を追及するのではなく、別のところに何かがあると、もう少し客観視していく角度も必要かもしれませんね。

「責任」という言葉の変質

宮崎　そうですね。主体性に即して言うと「責任」という言葉も非常に難しい。責任を取りたいと思うこころ。それも人間の尊厳と言っていいですね。自分の人生に責任をもちたい、あるいは社会に対して責任をもちたいということは人間らしく生きることに含まれるわけです。本当は誰もが自分で責任をもっていろんなことにかかわっていきたいし、自分も一緒になって社会を作っていく、その一員になりたいと思っているわけです。

責任をもつこと自体は否定的な話ではなくて、大事な話だと思うし、自分を作っていく上での大事なキーワードになると思います。この場合の責任を取るというのはちまたで言われる「自己責任」という意味ではなくて、自分が自分の人生の主人公でありたいという話ですね。それは「自由に生きる」ということと同じ意味です。自分が望むような人生を送りたいというのは普通の願いだし、自分が望むということは自分が選択するということと同じですよね。そういう選択にともなう責任であれば担いたいとみんな思うはずなんですよ。

ところが、先ほどの「先取りしている世間」が経済的な価値を最優先して、それを生み出す労働を優先させているとすると、その責任という言葉が経済的な価値を生み出す言葉に変質してしまうわけですね。そして経済的な価値を生み出せないのはあなたの能力が低いからだ、その能力を培《つちか》うのもあなたの責任だ、みたいな話になる。それを先取りすると責任は他所から、他者から押しつけられたものへ応答することになる。つまり人から押しつけられた仕事をこなせるかどうかの責任であり、選択肢がないところでそれを担うのが主体性だ、というふうに転倒してしまう。

枠を決めるのは自分じゃない上に責任の範囲を決めるのも自分じゃないから、他人がどんどん都合によって重くしたり軽くしたりしてしまう。だから一生懸命頑張っているその主体性は発揮されているのだけれども、それが常に他人にコントロールされているものであれば、そのような世間を先取りするのはたしかにつらいですよね。

「潜在する声」を聞きあう必要性

杉本　そうですね。そこで最近聞くのはけっこう学生さんたちもそういう不安を先取りしているとか。つまりどこかで社会は自分が本当に責任を果たせる場所になっていないのではないか？と。あるいは、働いている人も、働きつつ、どうもこの場は本当は自分の責任を果たす場と違うのではないか？と。でも生活や家族もあるし、あるいは社会的承認の目線があるので、納得いかなくともなんとかその場で頑張るしかない。責任の取り方が経済的価値とか、今ある労働の役割を果たすことだったりするので、すごく孤立した条件の中で自分の主体性を発揮したいと思っているような。そんなややこしい状況にあるような気がしますね。

宮崎　おっしゃるとおりで、実はひきこもりという形ではなく、普通に働いている人たちも同様の問題を抱えていて、「これでいいのだろうか？」と考えながらも慢性化している状況なんですよ。たとえば原発問題というような大きな矛盾があるとしても、とりあえず見ないことにして日々のやりくりをどうするかというところで考えるしかない。だけど奥底には疑問や不安はある。世間というものの中にも、ある種の矛盾・二面性があって、一見強い者の論理が通っているようだけれども、もう一方で本当にそれでいいのか？　という潜在的な声が響いている。だとしたらそのような潜在的な声を引き出していくことが必要で、そういう声をお互いに聞きあうような場を作れるかどうかということが大事ですね。先ほどの会社と労働の関係で言えば、ひきこもるような状況を作り出す会社はたぶん長続きしないでしょう。人間のこころの奥底にある声を引き出せない会社はいい商品も作れないし、いい職場も作れない。

杉本　そうですか。そう考えるとひきこもりも特殊事情ではなくて、ある状況を示しているだけとも言えますかねぇ。世の中全体がお金でつながり、それは労働と消費の形で出ている。そしてその場に出てこない、出てこれない人がいる。そういう個々バラバラなものが何となくこの国をつないでいる。でも、すごく危うい（笑）。

宮崎　たしかに今は個々が「私」の世界に入ってタコツボ化しており、その個をつないでいるのがお金であり、会社であるという状況です。本当は誰もが自由に自分のスタンスで社会へかかわれるのが理想ですが、今の日本社会のあり方は狭くなりすぎていますね。

本来、人間の活動のすべてが人間社会を作っているわけですから、人間の活動のすべてに同じ価値がある。そう考えるべきです。今一度、人間という存在の根本に立ち返って、生きることと社会を作ることが分離しない、そんな社会のあり方を考えていかなければいけないと思いますね。

終章　ひきこもり問題の臨界点

杉本賢治
Sugimoto Kenji
×
村澤和多里
Murasawa Watari

排除を強化する支援

村澤　私も含めて十名の支援実践者にインタビューなさったわけですが、インタビューを終えてどのように感じていますか？

杉本　当たり前といえば当たり前ですが、それぞれの方から真剣さを感じましたね。これまで私は当事者側としてひきこもりを見てきたわけですが、インタビューにお応えいただいた方々は、ひきこもりについて他人事ではないと考えているような印象を受けました。ひきこもりという問題を自分たちの責任でなんとかしなければならないという感じでしょうか。その意味では、支援者もまた当事者と言えますかね。支援者の目的も、単にこころをケアするという目的だけではないのでしょう。

村澤　それはどういうことでしょうか？

杉本　たしかにひきこもりの原因の一端を、こころの問題と見ることも大切だと思いますが、支援者の多くがそれだけには還元できないということを述べてくださったと思います。ただ、実践の足場によって、観点は少しずつ違いますよね。

村澤　そうですね。発達障害とひきこもりという観点から支援している山本さん（第八章）などは、個人の特性が社会状況の中で「障害」という形で顕在化していくプロセスについて問題にしていました。

杉本　第3部のインタビューでは、同じく山本さんがおっしゃっていた「個人化」という言葉が印象に残りました。ある人の障害が顕在化してくるのは、その人の生活環境、社会環境との関係が強く働いていると思うのですが、そういうふうには理解されずに、その個人の問題に還元されてしまう。そして、個人が社会にどう適応していくのかという問題へ矮小化されてしまうという心配を感じました。

村澤　たしかに、「心のケア」というと、ひきこもりの問題を個人に還元してしまうおそれがありますね。「発達障害」とか「自己愛パーソナリティ」とか、個人のコミュニケーション能力の問題にされてしまうわけです。しかし、橋本先生（第五章）が自己愛パーソナリティの背景として、人を信頼することをあきらめてしまっていると指摘されていたように、環境によって個人の問題が増幅されて浮かび上がってくる、という事実を無視するわけにはいきませんよね。

杉本　ひきこもりの当事者とその支援者という関係は非対照的なものになりがちです。権力関係と言えるかはわかりませんが、やはり立場の違いが齟齬を生み出す。その違和感はそう簡単には埋まらないことは私自身、意外でもあり、正直驚くこともあります。

村澤　でも実際は、ちまたで行われているひきこもりや発達障害の支援の多くが、こういった社会関係についての認識を欠いていますね。とりわけ最近流行の「コミュニケーション力」に問題を還元するようなものが目立っているように思います。そのために、おそらく支援者の多くが善意で行っていることが、当事者を弱者にしてしまう。当事者の足りない能力を伸ばして社会適応をうながすという支援は、つまり、当事者の能力が「足りていない」という認識の上に立っているというわけですから。みずからの欠損を認めるなら、助けてあげてもいいよという具合です。

杉本　おっしゃるとおりですね。そういった構造的な排除に無自覚なまま行われている支援が、この構造をさらに強化し、新たなひきこもり当事者を作り出していると言えるのではないでしょうか。インタビューをしていて、支援することと、構造的な排除に絡めとられることとのあいだで引き裂かれながら、それぞれが独自の道を模索しているように感じました。

社会構造とひきこもり

村澤　この矛盾は、社会の問題というか、よりマクロな問題ともつながっていますね。やはりグローバル市場経済が世界を席巻し、日本もそこから逃れられない。経済界などの要請が強まっている以上、個々人の自己責任が必然的に強調されるわけですが、当然、その構造にのれない人たちがいる。その問題が集約されてしわ寄せされているのが今の若い人たちですね。

杉本　インタビューでは、若い人たちの支援と温かみのある地域社会の再生（第九章）、自己責任論を正当化する欺瞞を暴く（第十章）、など、世間を先取りすることで苦しむ罠についての指摘がありました。ここは心理的に追い込まれるひきこもりの人たち、若者たちの自己呪縛を解くよいお話になったと思っています。あとひとつ、大変興味深かったのは、精神分析学による分析です（第四章）。つまり個人心理の病理が先にあるわけではなくて、まず集団の病理が先にあると。集団の緊張が子どもの成長過程に影響を与えて、個人が神経症的になっていく。それを社会が個人の病理として排除していくと読み解いた。これは慧眼だと思いました。国際競争が過剰になれば、社会の緊張感はいっそう増しますから、これから成長していく人たちは世間に出ていくことを怖れる人が出てきてもおかしいことではないと思いますね。

村澤　そうですね。社会的な構造が個人の内面に織り込まれているという感じですね。私は極端に言って「ひきこもり」の人たちのメンタリティの特徴は、すでに排除されていて包摂への道は塞がれているかもしれないのに、まだ包摂される可能性があるのではと思っているところにあると考えています。包摂への道に絶望するくらいなら、幻想にしがみつきたい。このあたりは以前別のところでも書いてたのですが、かりそめの希望に惑わされているというか。ちょうど、日本の財政がすでに破綻しているのに、まだ経済成長で回復が可能であると思い込まされているというか、思い込もうとしている国民の姿そのものであると言ってもいいかもしれませんね。

杉本　なるほど、そういった危機感はそれぞれのインタビューの中にも影を落としていたように思います。

支援実践者の印象

村澤　本書のテーマにもかかわるのですが、当事者と支援者というそれぞれ異なった立場のリアリティについては、どのような感想をもたれましたか？

杉本　インタビューでは、それぞれの方々に自分のライフヒストリーから支援の「哲学」のようなものを語っていただくことに成功したと思います。どの方も支援実践そのものが、自身の生きている証であって、けっして他人事として接しているわけではないことが伝わってきました。そこに支援者のリアリティを感じましたし、支援に対する真剣さがうかがえました。

村澤　なるほど。私はインタビュー対象者のひとりであり、また杉本さんのインタビューにも同行したわけですが、こんな印象をもちました。ひきこもりの支援について、目の前の当事者の困難を解決しようという気持ちをもちながらも、それだけでは「焼け石に水」という感覚があって、それぞれの支援者が大きな問題に手を伸ばそうとしていると。

杉本　先ほども社会構造の話がありましたが、ひきこもりという問題はその綻《ほころ》びの一端であって、私たちみんなを巻き込むような大きな問題であるという認識は共有されていますよね。このままでは社会が崩壊してしまうという危機感ですね。私自身も「俺はこのままではまずい」という気持ちに突き動かされてこの企画を始めたところがあるのですが、それは自分の問題として、つまり個人的な危機感でした。でも問題意識という地平から対話を始めているのは同じなので、お互いにわりあい対等な立場で探求していけたような気がします。

村澤　この本では、杉本さんが話してみたいと感じた人にインタビューしているので、当然偏りはあるのですが、何かアプローチの違いを超えた共通性みたいなものも感じますね。

杉本　それぞれ個性を感じましたが、気がついたことのひとつとして、みなさん形式にはこだわらないというところですね。ひきこもりの当事者のニーズに応えてどんどん新しいことを始めていく方が多いと思いました。形骸化した支援の枠組みではなく、もっとも必要な枠組みをめざして変化しつづけているという印象があります。

村澤　なるほど、たしかに、本来所属する機関が行っている事業から逸脱した実践をしている人が多かったですね。目の前の当事者に必要とされている支援を行っていくと、必然的にそうなるのでしょうか。

杉本　むしろ制度化されないところに支援の「本質」があるのかもしれません。特に第1部の三人の方の実践はそうでしたね。当事者と支援者の境界が限りなく薄くなっていて、当事者的な立場に立てるから、できそうな支援を組織化するために制度を利用するという感じを受けましたね。「ひきこもり臭」（第二章）というのでしょうか、当事者と同じような「弱さ」を抱えた人が支援者をしている。でも、「弱さ」だけではダメで、塚本さん（第一章）の話を聞いていて感じたのですが、赤裸々になれる「強さ」ももっていないと支援者にはなれないのではないか。開き直れないのはひきこもりの人の本質的な問題だと思いますが、無理に開き直ろうとはせず、一緒に活動しているうちにそのようになっていくのかもしれません。

村澤　ひきこもっている人を「ふつうの人」の世界に引き戻す支援ではなくて、新しい世界を一緒に創っていくような支援という感じですね。

杉本　宮西さん（第二章）も、若者たちが新しい世界を作り出していくことの支援だと言っていましたね。ひきこもりという問題を考えるということは、社会のあり方を考えることなんだと改めて思いました。

居場所づくりのポイント

杉本　私自身ひきこもりを知的に考えるきっかけとして、居場所で得た友人たちの存在がとても大きかったんです。この多様性ある数々のインタビューの話の中で、多くの先生方が共通して居場所や仲間づくりの重要性を説かれ、ひきこもり支援ではそのような場がきわめて重要だということはみなさんの共通認識だと思いました。二通先生（第七章）もこの点を強調しておられましたが、村澤さんも前は若者サポートステーションで居場所支援をされていましたよね？

村澤　そうですね、やはり居場所は重要だと思うのですが、それは物理的な空間ではありません。もちろん、物理的な空間は必要ですが、きっかけにすぎないということですね。これまでの話でもありましたが、支援の枠組みよりも、そこから逸脱し、派生していった部分のほうが大きな意味をもっているということです。私も、若者の居場所づくりをやってきましたが、プログラム内容は簡素でもかまわなくて、温かいまなざしと自由が許される空間を作り出すことができれば、あとは自然に参加者が展開させていくんですね。

支援者は、参加者の展開のための障害を除いたり、あるいは、彼らを守る壁であるとともに、乗り越えられるべき障害として存在したり。そういった役割でしょうか。パターナリズムもある程度は必要だと思っています。自由が許されることと、現実的な制約の両方を体験できる場が必要ということです。

杉本　それを乗り越えることが、ある意味、大人になっていくということでもあるのでしょうか。理想と現実の折りあいをつけていくということですね。村澤さんが、古典的な考え方をもっているのはちょっと意外ですね。それでは、結局、社会への順応をうながすことになりませんか？

村澤　古典的と言われればそうなのかもしれませんが、少し欲求不満があるくらいの空間でないと、それを乗り越えようという創意が発揮されないような気がします。いちばんまずいのは、できすぎたプログラムが当事者を受け身の「消費者」にしてしまうことだと思います。何かをしているのですが、それは与えられたものでしかない。そうではなく、自分たちで何かをしているという手ごたえを感じられないと。

集団の質が変わる

杉本　たしかに。私自身の体験としては、SANGOの会に参加して、同じような境遇の仲間と「自分と同じだ」ということを確認できたことが救いだったと感じています。でも、考えてみると、その後メンバーと一緒に『ひきこもりハンドブック』という冊子を作ったり会報誌の企画をしたりといった体験を通して、自分が変わったような感覚はありますね。そういった活動の中で、メンバーの個性も際立ってきたし、自分自身のこともわかってきました。だから最初はぐちゃぐちゃと集まってるわけだけど、交流を深めるうちに相互の輪郭がハッキリしてくる。あれ？　彼ってこんな人だったの？という体験や理解をしていって、その過程を呑み込んでいくような空間が必要ということですかね。

村澤　そうですね。私の話にひきつけると、会報を作ったり情報誌を作ったりする過程で、理想と現実との板挟みになるわけですね。それを乗り越えようとするときに何かが変わるのだと思います。

杉本　これも手前味噌になりますが、会報の紙面をどうにか埋めなければならなくなって、「支援者にインタビューしてみよう」と提案したのが、この本につながっていますしね（笑）。

村澤　私のかかわっていたところでは、スタッフに魅力的な若い女性がいたのですが、次々にメンバーが彼女に恋をするんですね。そのエネルギーが彼らを大きく変えるんです。「○○さんてこんなに積極的な人だったっけ？」みたいな。私はいわば管理者の役で、彼らの恋を阻む役のように受けとられていたと思います。でも彼女には恋人がいましたから、結局、みんな恋に破れて、私にその心情を相談するんですね（笑）。名目上は「カウンセリング」ということになっていましたが。その後は失恋した者どうしの連帯感が強まったりして。ライバルだと思っていた相手が同志になるというのもおもしろいですよね。もちろんメンバーどうしでの恋愛も大きな活力になりますね。

杉本　本当にそこはそのとおりだと思います。仲間と悪さをしたり、喧嘩したり、失恋したり。仲間作りは葛藤の危機とも背中あわせなんですけど、そこも仲間どうしの弱さの共感でカバーできる領域でもあるんですよね。私の場合は、そのことへの気づきが遅すぎたんですけど（苦笑）。

村澤　ただ集まっているだけでは、他のメンバーと「同じだ」「いや違う」といった自問自答の中に取り込まれていって抜け出せなくなりますが、何かやりたいことが出てきて、それを阻む障壁もはっきりしてくると、集団の質が変わりますね。本来は、そういった体験ができるような仕組みづくりが必要なんだと思います。宮西さん（第二章）も指摘しているように、ひきこもりの方たちはいじめられたり不登校になったりしたために、このような体験をする機会を得られないできたわけですから。

共生社会に向けて

杉本　さて、そこでいちばん難しいのが自分も含めたひきこもりの高年齢化の問題です。これは二つのことがあって、ひとつは元気になったとしても、職歴の空白が長くて経済的基盤となる就労の場面において阻まれやすいこと。もうひとつはずっとひきこもったまま、中高齢になる。後者の人はいっそう厳しいと思います。最近「子どもの貧困」に関する討論番組を見ていて、貧困の連鎖を含めて、改めて深刻な問題だなと思いました。ただ、この問題は因果がはっきりしているので、社会政策を立てる場合などに社会的合意を得やすいと思います。今はまだ社会が理解しきれていない状況だと思うんです。

それと対比して考えるのは問題かもしれませんが、「ひきこもり」は因果関係が明瞭ではないだけに、よりいっそう深刻だなと考えるんです。私自身がかつてそういう側面があったと思うのですけど、元気になったあとに困ってしまうことがふたつ。つまり就労困難と社会的な孤立に直面すること。ここから抜け出すことがなかなか難しい。

村澤　そうですね。貧困の問題が出ましたし、自分のことで手がいっぱいという話もありましたけれど、もはや「ひきこもり」という形で問題を取り出すこと自体が限界にきているのかもしれません。今までの企業福祉と分厚い中流層を前提にした姿をゴールとする考え方から抜け出す必要があるでしょう。今は「働く場所が見つかってよかったね」という状況ですし。実は、最近の若い人は欠乏感が少ないんですよ。「生き残れたらいいや」みたいな感じです。物があふれていてデフレ状況でもあるし、欲望が安く充足できる。そういう時代の適応の仕方、心理的な変化があると思います。それもひとつの適応の形だと思うんですね。

たしかに中高齢のひきこもりの人が路頭に迷うようなことは絶対にあってはならないし、それに対する社会的手当ては必要だと思っています。私自身も危機感をもっています。ただ、今の若者がかつてと少し違うのは、みんなとは言わないけれど、成長のモデルではなく、持続可能性のモデルというか、環境や生活の持続のモデルを新しく考える人が出てきている。

私は意外と中高齢のひきこもりの人たちって社会の「成長モデル」を内面化している人が多いと思っていて、それとは違う視点、先ほど孤立という言葉がありましたけど、まず社会で生きる人間の権利として当事者の集まりとか、そういう場の関係を維持しながら、新しい人生のモデルをみんなで考えるのがいいんじゃないかと思います。経済の問題は大事だけれど、そこにばかり絡めとられるよりは、自分や人とのかかわりの中で何を本当に求めているのか、自分のこころの声に耳を傾けて生きるのがよいと思います。それは親御さんにも伝えたいことですね。今はそれくらいの社会の変動期にあると思っています。

杉本　二〇一五年から「生活困窮者自立支援法」[2]（以下「自立支援法」）が施行されました。端的に言うと、今まで相談する場をもてずにきた経済的・社会的困窮者に対して、行政が相談窓口を設けて生活相談にのったり、支援のアプローチを行う制度です。

村澤　年齢や対象を限定していないので幅広い人びとに適応できそうですね。

杉本　ええ、行政が生活全般の相談支援を行うという点では斬新な立法だと思います。でも、釧路でこの制度のモデル事業を全国で先駆けた櫛部武敏さん[3]がご指摘されていたのですが、この自立支援法というのが単に生活保護に至る手前でせき止める制度だ、くらいの消極的な考えのものとなるのか、「共生社会」への突破口となるのか、それは自治体の運用のされ方によって大きく違ってくるということです。

村澤　櫛部さんも、受給者の方も支える側にまわるという循環型福祉を構想しておられるようですね。その意味では、第１部の塚本さんや田中さん（第三章）など、本書で紹介した支援者の方々の考え方とも共通した部分が多いと思います。しかし、新しい自立支援法が就労や自立することへと急き立てるだけの制度にならないか、やはり懸念が残ります。注意深く、見守っていかないといけませんね。

杉本　やはり就労支援の占めるウェイトは大きいですけれど、僕はちょっと理想主義的な発想で、やっぱり個人と社会の意識、関係性をとらえ返す機会になればよいと思っています。いささか僭越ですけど、ステレオタイプな生き方のイメージを、社会も、支援者も当事者も、共有しすぎないことが必要になってくる気がします。村澤さんの喩えを使えば（第六章）、みんなが世間に対する固定観念に縛られすぎると、社会全体がモノローグ（独白）化していくと思うので、ダイアローグ（対話）を通じて少しずつ新しいライフスタイルを探っていくことが大事かなと思います。

村澤　なるほどね。社会にも新しい対話が必要ということですね。

杉本　ええ。たとえば阿部先生が提唱されていた（第九章）、ひきこもる人たちへの医療、福祉、教育などの支援者たちのトータルな話しあいのテーブルがもし実現できるのであれば、そこには当事者や経験者も加わるべきだと考えます。なぜなら宮崎先生のおっしゃっていた枠の「内と外」を超えて問題を考えていくべき（第十章）という認識を私も共有するからです。当事者経験の重みも含めてみんなが問題を共有しあうこと。それが共生社会のとば口になると思います。

ひきこもった経験をもつ私たちは、世間の目を意識したりして声をあげることはほとんどありませんでした。でも、当事者性を肌で知っていることが今ひきこもって苦しんでいる人たちの代弁をすることになるので、ほんの少し勇気をもって応えていくのが望ましいのでしょうね。

村澤　ひきこもりの人と支援者がさまざまなリアリティを交錯させていくことが現実を変えていくきっかけになるかもしれません。

杉本　理想は社会の中で敢然として声をあげる存在になることだけども、自分自身を省みて、そこまでダイレクトなパワーを持つのは夢想的な気がします。そこで私の場合、まずは本書のようなインタビューという形でかつての気持ちに立って、自分自身に関する認識を深めると同時に、社会の中にひきこもりという体験がどのように位置づけられるか模索してきました。それがいまひきこもっている状態で苦しんでいる人への代弁になればと願っています。ここから現実が変わっていくことを望みます。

1　村澤和多里・山尾貴則・村澤真保呂『ポストモラトリアム時代の若者たち』(世界思想社、二〇一二)。

2　**生活困窮者自立支援法**　二〇一五年四月一日より施行された「生活困窮者自立相談支援事業の実施、生活困窮者住居確保給付金の支給その他の生活困窮者に対する自立の支援に関する措置を講ずることにより、生活困窮者の自立の促進を図ることを目的とする」(第一条)法律。

3　**櫛部武敏**(くしべ　たけとし　一九五一〜)　釧路市職員として、知的障害児通園施設児童指導員、釧路市生活保護課ケースワーカーを経て、釧路市生活福祉事務所生活支援主幹を務める。現在、一般社団法人釧路社会的企業創造協議会副代表。二〇一二年には生活困窮者自立支援法のとりまとめに関する厚生労働省社会保障審議会「生活困窮者の生活支援の在り方に関する特別部会」委員を務める。

おわりに

インタビューをはじめた当初、私はこれをひきこもりの当事者研究の代わりにしたいと考えた。ひきこもりの問題を考える際、今まではジャーナリストのレポートや、ひきこもり経験を乗りこえた人たちの体験談スタイルが多く、もちろんそれらは極めて有意義なのだが、ともすると、前者は当事者を観察される者へ導きやすく、後者は社会に迎え入れられし者として体験が消費されたままで終わることも多かったように思う。その傾向のみが流布する限りでは、議論の深まりに限界があるのではないかと思い続けていた。

それを乗りこえるために「ひきこもり臭」（第二章）を今も保つ私が、自分が最も実感が持てるひきこもり支援分野の専門家の人たちにインタビューを試みる。ひきこもり臭をいまだ保持する者が、かつての自分の体験を客観化するために、支援実践の最前線に立つ人たちと向きあってひきこもりについて話を聞く。それこそが、この問題へのアプローチに今まだ足りていない部分であり、同時に、「ひきこもり臭」を持つ者の役割ではないかと考えたのである。

私のそのようなもくろみに、幸いこの本でとりあげた十人の先生方は当初考えていた以上に貴重な話の数々を語ってくださった。本当にありがたい限りであった。

本書の編纂の過程の中で、インタビューを行っていた途上では見えていなかった角度や観点もあることに気づいた。この人間関係、社会関係にまつわる個人の最深部に苦悩する人びとの解放に向けて、どうかよりいっそう、目をみはるような実践や研究が深まって欲しいと願うばかりである

私自身は、ひきこもりの経験を自分のアイデンティティのひとつの核として、今後も深い関心をもちつづけるだろう。そしてそれは重く固定化した議論としてひきずるものだけではなく、ひきこもりの経験をきっかけとして、もっと人文学的な関心へも広げたいと考えはじめていて、個人で開設したインタビューサイトでやや幅広く、現在の興味や、狭い人脈を縫《ぬ》いながら、ひきこもりに留まらないインタビュー活動を細々と続けている（「インタビューサイト・ユーフォニアム」）。そこで得た自分の知見や、出会いによるこころの交流で得たものを、できればひきこもりの問題にも還流したいと願っている。それがひきこもり経験というユニークな人生体験を軸に生まれた新たなモチベーションのひとつであり、この仕事の過程から発展したものが自分にとってのまた新たな「心のケア」となれば最高だと思っている。

杉本　賢治

謝辞

本書のインタビューの多くはＮＰＯ法人レター・ポスト・フレンド相談ネットワーク副理事長、吉川修司氏の同席のもとで行われた。友人である彼の同伴が心細い私を常に勇気づけてくれた。影の主役のひとりである。そして、この企画の場を与えてくれた同法人理事長、田中敦氏には改めてこの場でこころより御礼申し上げる。第２部、第３部、第４部のインタビューについては、ＮＰＯ法人レター・ポスト・フレンド相談ネットワークが企画申請し受理された、北海道ＮＰＯファンド平成二十三年度「越智基金」および平成二十四年度「北海道ろうきん社会貢献助成金」を原資として行われた。

また、監修者の村澤和多里氏は多忙な中、常に柔和な表情を絶やさず、全体の構成と編纂の方向性を与えてくださり、貴重な情報やニュアンスに富んだアドバイスをくださった。そもそも村澤さんなくして本書の成立はなかったと言ってよい。氏に同席していただいた三名の方のインタビュー調査に関しては、科研費基盤研究(C)（課題番号二六三八〇九三八代表：村澤和多里）として、本書の出版に当たっては札幌学院大学後援会から二〇一五（平成二七）年度学術図書自費出版助成金の助成を受けたことを付言する。

そして改めてこの本が成立するにあたってご協力いただいた十人の先生方には心より感謝申しあげたい。先生方の誠意から私はこころの中に言葉には言いあらわせないくらいのたくさんのエネルギーをいただきました。本当にありがとうございました。

杉本　賢治

ひきこもる心のケア
——ひきこもり経験者が聞く 10 のインタビュー

2015 年 8 月 31 日　第 1 刷発行

定価はカバーに
表示しています

監修者　村澤和多里
編　者　杉本賢治
発行者　上原寿明

世界思想社
京都市左京区岩倉南桑原町 56　〒 606-0031
電話 075(721)6500
振替 01000-6-2908
http://sekaishisosha.jp

落丁・乱丁本はお取替えいたします。　(印刷・製本 太洋社)

日本音楽著作権協会（出）許諾第 1506660-501 号

ISBN978-4-7907-1665-5

『ひきこもる心のケア』の
読者にお薦めの本

ひきこもりの社会学
井出草平

今や数十万規模で存在するとみられる「ひきこもり」。そこに至るプロセスには、ひとつの共通項がある。経験者への丹念なインタビューと、不登校・ニートの考察を通して、その実態と原因を解明する。人はどのように「ひきこもり」に至るのか。
定価 1,800 円（税別）

プシコ ナウティカ イタリア精神医療の人類学
松嶋健

なぜ精神病院を廃絶したのか？ 精神病院から地域への移行で何が生じたか。地域精神保健サービスの現場でいま何が行なわれているのか。イタリア精神医療の歴史と現状を展望し、「人間」を中心にすえた、地域での集合的な生のかたちを描く。
定価 5,800 円（税別）

フリーターの心理学 大卒者のキャリア自立
白井利明・下村英雄・川﨑友嗣・若松養亮・安達智子

若者の生きづらさはどこからくるのか？ 彼らの考え方がいけない？ 価値観と収入の関係は？ 23 歳～39 歳の 8336 人の調査で、非正規雇用から正社員へと移行するプロセスと条件を明らかにし、フリーター支援のための提言をおこなう。
定価 2,200 円（税別）

女性ホームレスとして生きる 貧困と排除の社会学
丸山里美

女性ホームレスの知られざる生活世界に分け入り、女性が社会的に排除される過程を浮き彫りにする。路上にとどまる人びとの声に耳を傾け、自立を迫る制度の前提にある主体とは何か、意志とは何かを問い直す。第 33 回山川菊栄賞受賞。
定価 2,800 円（税別）

定価は，2015 年 8 月現在